KB024060

스미스의 국부론

EBS 오늘 읽는 클래식

스미스의 국부론

인간 노동이 부를 낳는다

한국철학사상연구회 기획 | 이재유 지음

오늘날 인류의 위대한 스승들의 대표적인 고전을 읽는다는 것은 어떤 의미일까? 위대한 인물들의 전기를 읽고서 위인의 삶을 본받아 살아가자는 다짐의 의미일까? 아니면 고전의 내용을 오늘날 '실용적'으로 이용하자는 것일까? 거기다가 '철학적'이라는 수사를 붙이면 참으로 그 의미가 알쏭달쏭해지지 않을까 싶다. 그 의미를 구체적으로 규정하지 않는다면, 고전을 읽는 것 자체는 쓸데없고 무망한 일이 될 것이다.

우리는 '고전'을 왜 읽어야만 할까? 속된 말로, 요즘처럼 힘든 이때 가장 중요한 것은 당장 먹고사는 문제일 텐데, 한가롭게 공자 왈 맹자 왈 하는 것은 비현실적이거나 무능함의 표현일 수 있다. 그런데도 고전을 읽어야 한다는 것은 고전의 내용 행간의, 눈에 보이지 않는 그 무엇 때문일 것이다.

그 무엇은 '유머'일지 모른다. 유머는 어떤 사실을 명확하게 통찰했을 때, 지그시 머금는 미소다. 유머는 데카르트의 코기토이며 부처의 미소다. 유머는 불분명한 것을 분명한 것으로, 불변하는 사실로 알려진 것을 허상으로 밝힐 수 있는 정신적 태도다. 이 정신적 태도가 있을 때, '누가 뭐라 하든 자신의 길을 갈 수 있는' 주체가 될 수 있다. 고전을 읽는다는 것은 위인의 삶을 본받자는 것도 아니고, 실용적으로 먹고사는 데에 써먹자는 것도 아니다. 자신의 삶을 주체적으로 살아가기 위한 것이다.

유머라는 정신적 태도, 자신의 삶을 주체적으로 살아가기는 곧 자신의 철학적 세계관을 정립하는 일이다. 철학적 세계관의 정립은 자신이 당연한 사실이라고 여기는 것에 대한 모든 의심에서 출발한다. 애덤 스미스는 『국부론』을 통해 어떤 유머를 가지게 되었을까? 그는 무엇을 의심하면서 자신의 주체성을 정립시켜갔을까? 그리하여 나의 유머가 무엇인지를 명확하게 하는 것, 이것이 바로 고전을 읽는 구체적인 의미이지 않을까? 그 의미를 찾는 여행을 이제 시작해보자. 설레이지 않는가? 기대하시기를…….

2022년 6월 이재유

차례

3장 철학의 이정표

일러두기

이 책에서 인용한 애덤 스미스의 『국부론』 국내 번역본은 다음과 같다.
애덤 스미스, 『국부론』(상·하권), 김수행 옮김, 비봉출판사, 2007.

1장

근대 경제학의 어머니 애덤 스미스

철학, 이 뭣고?

　일반적으로 사람들이 '철학' 하면 떠올리는 생각은 아마도 '뜬구름 잡는 이야기', '귀신 씻나락 까먹는 소리', '점 보는 집' 등이 아닐까 싶다. 여기에는 이중의 의미가 들어 있다. 즉 하나는 철학이 나의 '현실적인' 삶과 동떨어진 추상적인 것이며, 다른 하나는 그렇기 때문에 대단히 이해하기 힘들고 어려운 학문이라는 것이다.

　그러나 철학은 나의 '현실적인' 삶과 동떨어진 추상적인 것이 아니라 구체적인 것이다. 구체적인 것은 어떤 사건 또는 현상이 왜 어떻게 그렇게 되었는가를 파악할 때 가능하다. 구체적인 것은 현실적인 것이다. 현실적인 것은 감각적이거나 즉자적으로 눈에 보이는 것만을 뜻하는 것이 아니라, 그 이면의 원인이나 과정이 어떠한지를 밝히는 것이다. 예를 들어 친구의 기분이 불편해보일 때, 그에게 왜 기분이 불편한지 구체적으로 말해보라고 할 때가 있다. 이때 단순히 기분이 나쁘냐 아니면 기쁘냐를 말하라는 것이 아니라, 왜 어떻게 기분이 불편하게 되었는지 자초지종을 말하라는 뜻이다. 이렇게 하여 친구 기분의 불편함은 비로소 구체적이고 현실적인 것이 되어 그의 현재 상태(현실)를 잘 이해할 수 있다. 오히려 이러한 자초지종을 모른다면 그 친구 기분의 불편함을 '이해하기 힘들고 어려운 상태'가 된다. 그러므로 구체적이고 현실적이라는 것은 시·공간적으로 과거, 현재, 미래 모두를 포괄하는 것이다. 이런 의미에서 헤겔(Georg Wilhelm Friedrich Hegel, 1770~1831)은 '현실적인 것이 이성(理性, rationale)적인 것이고, 이성적인 것이 현실적인 것'이라고 말했다. 철학은 위의 친구의 예처럼 우리가 멀리할 정도로 이해하기 힘들고 어려운 학문이 아니다.

철학은 우리가 사는 세계에서 일어나고 있는 사건 또는 현상들이 왜 어떻게 일어나고 있는지 '생각하는' 것이다. 그런데 이러한 생각은 나 자신의 삶과 아주 밀접한 연관을 가진다. 이

코기토

코기토는 데카르트에게 있어 '생각하는 나(또는 자아)'의 의미를 가진다. 코기토는 '코기토 에르고 숨(Cogito, ergo sum, 나는 생각한다. 그러므로 나는 존재한다)'에서 나온 말이다. 한 사물의 본질을 탐구할 경우, 개별자들을 완벽하게 계산하고 포괄적으로 검토해야 하며, 빠진 것이 있어서는 절대 안 된다. 데카르트 추론의 가장 단순하고 절대 확실한 제1 전제는 인간의 자의식, 즉 '나는 생각한다, 그러므로 나는 존재한다'이다. 이러한 자의식에 도달하기 위해 방법적 회의의 과정을 거쳐야만 한다. 데카르트는 추론의 확실한 출발점을 획득하기 위해, 그때까지 알려진 모든 이론이나 관념 또는 과학, 즉 외부 세계에 대한 모든 지식을 시공간적으로 유한하며 불확실한 것으로 의심한다. 그러나 여타의 지식이 상상에 의한 허구이거나 오해라고 할지라도 한 가지 사실, 즉 그 자신이 생각한다는 사실만은 의심할 수 없다. 그러므로 생각하는 존재로서 명백하게 통찰될 수 있는 것은 모두 나 자신의 존재와 마찬가지로 확실하고 객관적으로 존재한다. 이러한 데카르트 인식론의 원리는 진리의 기준으로 기능한다. 즉 '나는 생각한다'와 같은 정도로 확실한 것만이 명백하고 무조건 참이다.

사건이나 현상이 나와 어떤 관계에 있는지, 즉 이 세계에서 나의 위치는 어디인지 파악해야만, 삶을 주체적이고 자유롭게 꾸려갈 수 있다. 결국 철학은 사건이나 현상으로 가득 찬 이 세계에 처한 '나'가 누구(무엇)인지에 대한 자각(의식)을 매우 중요하게 여긴다. 다른 말로 하면 '나'에 대한 의식이 없으면 이 세계의 존재 의미를 찾을 수 없고, 그렇게 되면 나에 대한 의식이 사라진다는 것이다. 그래서 데카르트(René Descartes, 1596~1650)는 '나에 대해 생각하는 것'이 매우 중요하며, 우리 모두 '생각하는 나(코기토)'가 돼야 함을 엄청나게 강조했다.

그렇다면 우리는 이제 '우리 자신(나)은 누구인가'에 대해 생각해봐야 하지 않을까? 그런데 오늘날 이 세계에 살고 있는 우리는 자신에 대해 생각해볼 시간적 여유가 없어보인다. 그 이유는 아마도 '개인적'인 것이 아니라 '사회적'인 것이며, 제도적이고 이데올로기적인 측면에서 비롯됐다고 할 수 있다. 나의 삶은 세계와의 관계에서 이루어지고 있기 때문이다. 오늘날 이 세계에서 능력 있는 인간은 개별적이고 단편적인 지식을 많이 알고 있는 사람이다. 그런데 이 지식들이 서로 왜 어떻게 연관되고 있는지에 대한 통일적이고 총체적인 생각에 대해서는 매우 비효율적이라며 무시하고 심지어 경멸하기까지 한다. 학교 교육에서는 왜, 어떻게 그렇게 되는가 하는 생각(자기의식)은 거의 사라지고 오로지 단편적이고 개별적인 지식만을 외우는 암기식 교육이 기본으로 되어 있다. 그리고 이러한 교육은 사회의 '분업화'와 직결되어 있다.

내가 누구인지에 대한 자기의식을 갖지 못하게 하는 이러한 개별화(원자화)와 단편화, 그리고 분업화의 원인은 무엇일까? 상식적으로 생각해볼 때, 그 대답은 아마도 '먹고사는 것'에 급급해서가 아닐까 싶다. 무엇인가 문제가 있고, 그 문제의 원인과 해결책에 대해 생각해보자고 할 때, 으레 돌아오는 말

자유방임주의

자유방임주의(自由放任主義, 프랑스어: Laissez-faire)는 개인의 경제 활동의 자유를 최대한 보장하고, 이에 대한 국가의 간섭을 되도록 배제하려는 경제 사상 및 정책을 말한다. 자유방임주의는 철학적으로 경험론적 세계관에 기인한다. 경험론적 세계관은 절대적이고 불변적인 원리·법칙 또는 그러한 존재를 부정한다. 이 세계관은 절대적 존재로서의 국가 또는 법이 자유로운 시장의 흐름을 인위적으로 가두어둔다고 생각한다. 그렇기 때문에 국가나 법이 시장의 자유로운 흐름을 막아서는 안 된다고 본다. 프랑스어로 'Laissez-faire'인 이 용어는 보통 '그렇게 되도록 간섭하지 않고 내버려두다'의 의미를 내포하고 있다. 중상주의 정책에 반대했던 프랑스의 중농주의자들이 최초로 이를 주장했다. 1873년부터 1896년까지 20년 넘게 세계를 강타한 최초의 세계 '대불황', 1930년대 세계 대공황을 거치며 자유방임주의에 대한 회의적 시각이 제고됐다.

이 '먹고살기 바쁜데 그걸 생각할 시간이 어디 있는가'이기 때문이다. 우리는 자신을 알기 위해 이제 또다시 물어보아야 한다. 우리는 왜 먹고살기 바쁠 수밖에 없냐고? 이에 대한 답을 생각해보는 계기 중 하나가 바로 애덤 스미스의 『국부론』이다. 이 책은 먹고살기 급급하게 만드는 자본주의 경제 체제에 대해 분석하고 있기 때문이다.

『국부론』은 고전 부르주아 경제학(자본주의 경제학, 이하 고전 경제학)의 이론을 최초로 확립한 작품으로 알려져 있다. 고전 경제학의 핵심은 '야경국가', '자유방임주의'로 알려져 있다. 야경국가는 국가 또는 정부의 시장 개입의 최소화를 의미하고,

애덤 스미스와 그의 저서 『국부론』의 표지.

자유방임주의는 모든 것을 시장의 원리에 자유롭게 맡겨두는 '시장만능주의'이다. 이렇게 알려진 애덤 스미스 경제학의 핵심은 오늘날 '신자유주의'로 이어진다. 그런데 신자유주의는 정규직의 감소와 비정규직의 확대, 부익부 빈익빈의 심화를 더욱 부추기고 있는 등 자본주의 경제의 문제점을 해결하기는커녕 더 심화시키고 있다.

　　그러나 『국부론』에 나타난 그의 생각은 알려진 바와는 달

신자유주의

신자유주의(新自由主義, neoliberalism)는 1970년대부터 부각하기 시작한 '자본의 세계화(globalization of capital)' 흐름에 기반한 경제적 자유주의 사상 중 하나이다. 19세기의 자유방임적인 자유주의의 모순(시장에서의 수요와 공급의 불균형 심화, 이에 따른 경제의 불황과 공황 그리고 부익부 빈익빈의 심화 등)에 대한 사회적 불안이 커지자, 이에 대한 즉자적인 개혁 정책으로 시장에 대한 국가의 간섭과 통제가 필요했다. 국가의 이러한 간섭과 통제는 복지 사회 정책의 형태로 나타났다. 그러나 이 정책만으로는 자본주의 경제 체제 자체의 내적 모순을 근본적으로 해결할 수 없다. 그리고 이 복지 정책에 대한 반동으로 시장의 자유에 대한 필요성이 새롭게 대두되었다. 그런데 고전적 자유주의가 국가 개입의 전면적 철폐를 주장하는 데 비해, 신자유주의는 정부의 강력한 권력으로 자유로운 시장 경쟁의 질서를 절대적인 것으로 확립하고자 한다. 신자유주의는 1980년대 영국 대처 정부에서 보는 것처럼 정부의 권력을 강화해 치안과 시장의 자유라는 질서를 유지하려는 '작고도 강한 정부'를 추구한다. 우리나라에서 신자유주의의 기원은 대체로 1990년대 중후반 김영삼 정부의 후반기로 본다. 주로 작지만 강한 정부, 자유시장 경제의 중시, 규제 완화, 자유무역협정(FTA)의 중시, 노동 시장의 유연화 등의 형태로 나타난다.

리 신자유주의(시장만능주의)로 대변되는 자본주의 경제의 문제점을 해결할 단초를 제공한다. 이러한 단초의 밑바탕에는 스미스의 '공감'이라는 도덕철학적 세계관과 흄(David Hume, 1722~1785)의 근대 경험론적 세계관(공감의 확장)이 깔려 있다. 자본주의 경제 체제에서 인간관은 자신의 생존을 최우선의 가치로 여기고 '이기주의'를 인간의 본성으로 보며, 이는 '만인 대 만인의 투쟁', 즉 '무한 적대적인 경쟁' 상태가 자연적인 것

근대 경험론의 철학자 데이비드 흄.

이라 본다. 이런 상태에서 모든 인간은 더 이상 생존할 수 없기 때문에, 최대 다수의 인간이 생존할 수 있는 윤리관, 즉 벤담(Jeremy Bentham, 1748~1832)의 공리주의(최대 다수의 최대 행복)가 등장한다. 그러나 벤담의 공리주의는 현실화되지 못하고 유토피아적인 것으로 남을 수밖에 없는데, 왜냐하면 이는 이기적인 인간관과 그에 따른 무한 적대적 경쟁을 이미 '자연적인 것'으로 전제하기 때문이다. 다시 말해 최대 다수에 들 수 있는 기준이 바로 '경쟁에서 승리하는 것'이다. 그렇기 때문에 정치적으

데이비드 흄

데이비드 흄(David Hume, 1722~1785)은 스코틀랜드 출신의 철학자이자 경제학자이며 역사가이다. 서양 철학과 스코틀랜드 계몽주의에 관련된 인물 중 손꼽히는 인물이다. 흄은 『인간 본성에 관한 논고』의 서두에서 인간 심리에 대한 관심을 나타냈다. 흄은 뉴턴의 자연 탐구 방법을 사용해 인간 정신의 기초적 사실을 분석하고, 거기에 의해서 '인성의 원리'를 밝히고, 여러 과학을 체계화하려 했다. 흄의 철학에서 인간의 심리 현상의 제1 요소는 로크와 같은 '관념'이었다. 그런데 로크는 암묵적으로 물심(物心)의 2원론을 전제로 하고 있었다. 흄은 그 전제를 버리고, 관념의 원천은 단지 인상(Impression)밖에 없다고 했다. 그러나 지식의 기원이 인상에서 오는 관념 이외에 없다고 한다면, 경험 과학의 기초인 인과의 관념은 원인과 결과가 사실상 결합되고 있는 것을 우리가 낯익었다는 것, 즉 습관에 따른 확신에 의존할 수밖에 없으므로 객관성을 상실해버린다. 정신적 실체로서의 자아도 결국 '관념의 묶음'에 환원된다. 따라서 우리들의 지식도 절대적인 것이 아니라 단순한 개연적인 것에 불과하게 된다. 흄에게서 인간 앎의 궁극적 기원은 '인상'이고, 앎은 관념들의 관계로부터 생기는 관념의 다발(기계적 결합)로 성립한다.

로는 '사회계약'을 통해 절대적인 권력을 가지는 '국가(또는 왕정)'가 등장하며, 경제적으로는 모든 상품을 자기 발 아래 복속시키는 화폐, 자본이 등장한다.

원자화되고 이기적인 인간관과 사회계약(론)에 따른 절대적인 국가와 자본의 등장은 근대의 철학적 세계관의 동전의 양면이다. 근대 철학은 경험론적 세계관과 합리론적 세계관으로 나뉜다. 경험론적 세계관은 이기적인 인간관과 연결되며, 합리론적 세계관은 절대적인 국가와 자본의 등장과 연결된다.

공리주의 철학자 제레미 벤담.

그런데 애덤 스미스는 흄과 마찬가지로 근대적 세계관에 기반해 있지만, 경험론적 세계관과 합리론적 세계관으로부터 거리를 두고자 했다. 그러한 결과로 나타난 그의 인간관이 공감의 인간관이다. 그리고 이 인간관에 기반해 『국부론』에서 '자유방임주의'('보이지 않는 손', '야경국가'), '분업화' 그리고 노동가치설과 임금·이윤·지대의 관계를 논의했다.

인간들은 상호 공감의 관계에 있는데, 이때 공감은 다른 사람의 슬픔이나 기쁨을 함께 느끼고자 하는 감정을 의미한다.

제러미 벤담

제러미 벤담(Jeremy Bentham, 1748~1832)은 영국의 법학자·철학자이자 변호사이다. 벤담은 공리주의 사상에 입각해, 법률을 위시해서 사회과학의 전 분야에서 '최대 다수의 최대 행복'이라는 기준에 따라 역사적·전통적인 제도와 사상을 검토하고 구체적 개혁안을 제시했다. 공리주의는 이익을 기준으로 사회의 제도나 문화 그리고 그 운영 방식을 판단한다. 즉, 공리주의는 이익에 도움이 된다면 어떤 것이든 도구로 삼아 사람을 감시하고 교육하여 질서를 만들고 '유령처럼 군림'하는 감독을 시행한다. 이런 공리주의의 원칙은 오늘날 우리들의 정신세계도 여전히 지배하고 있다. 인생의 목적이 '최대 다수의 최대 행복'이라고 했던 제러미 벤담은 자신의 철학관이었던 공리주의 원칙에 따라 원형 교도소, 파놉티콘(Panopticon)을 남겼다. 감시를 통해 사람들을 통제하는 방법을 알았던 벤담의 파놉티콘 원리는 감시와 경제성을 연결해야 하는 거의 모든 시설에 적용된다. 제러미 벤담이 예로 제시한 병원, 병영, 학교, 공장 등 근대의 모든 시설이 파놉티콘을 모형으로 한다.

타인과의 공감을 통해 인간은 모두 즐거워질 수 있고 행복해질 수 있다. 즉 내가 행복하고 즐겁기 위해서는 타인 역시도 행복하고 즐거워야 한다. 이러한 공감의 인간관을 바탕으로 자유방임주의가 등장한다. 이때 자유방임주의는 시장방임주의 또는 시장만능주의가 아니라, 인간이 공감을 끊임없이 확대해나가게 해주는 자연적인 사물의 흐름을 방해하지 않는 것을 의미한다. 이러한 자유방임주의는 '보이지 않는 손'으로 나타난다.

분업 역시 공감에 기초해 있다. 공감에 기초한 분업의 형태는 먼저 '사회 안의 분업' 형태로서 도시와 농촌의 분업으로 나타나는데, 이를 통해 도시와 농촌이 서로 부유해질 수 있다. 그리고 '공장 안의 분업' 형태를 통해 많은 사람들이 일자리를 가질 수 있고, 이 일자리를 통해 생존의 안정성을 누릴 수 있으며, 모든 사람들이 향유할 수 있는 부를 생산할 수 있다.

부의 사회적 배분은 임금, 이윤, 지대의 세 가지 형태로 이루어지는데, 이 세 요소는 이기적이고 적대적인 관계에 있는 것이 아니라 일종의 '공감'의 관계에 있다. 또한 노동가치설로 이 셋의 관계를 환원·설명하지 못한 것은 바로 이론 속에서도 절대적이고 본질적인 것을 상정하지 않으려는 애덤 스미스의 세계관 때문이라고 할 수 있다.

근대 경제학의 어머니

　애덤 스미스가 살아 활동하던 시기에는 중상주의가 막을 내리고 있었다. 그가 이 세상에 나오기 이전에는 중농주의와 중상주의 등 여러 경제 사상이 공존했다. 중농주의가 나라가 부강해지는 바탕이 농업 투자에 있다고 본 데 반해, 중상주의는 국가의 부를 증대하기 위해 정부가 보호무역주의의 입장에 서서 수출 교역에 힘써야 한다고 주장했다. 중상주의에서 가장 중요한 원리 중 하나가 금과 은의 소유였다. 귀금속의 소유는 국가 부의 증대의 가장 중요한 원인으로서 절대적인 것이었다. 이처럼 당시에는 금의 소유가 국력 및 국가의 안정성을 표현하는 가장 중요한 수단이었다.

중상주의에 따라, 당시 사람들도 수입은 되도록 적게 하고, 수출은 가능한 많이 해야 한다고 생각했다. 그러기 위해서는 반드시 수출시장 내지 단순한 원료 공급지로서 식민지가 필요했고, 중요한 산업에 대한 본국의 독점이 필수적이었다. 그러나 자유롭게 생산하고 팔 수 있는 권한을 가지지 못한 본국의 시민들은 독점과 그에 따른 독단적 규제에 불만이 많았다. 다른 한편, 식민지 지배 체제는 식민지 주민들에게 억압을 가했고, 이러한 분위기와 맞물려 지식인들의 양심적이고 자유주의적 신념은 독단적 중상주의 경제 체제를 벗어난 새로운 경제 제도에 눈을 돌리게 했다. 이러한 신념에 따라 애덤 스미스는 국가의 통제를 벗어난 '보이지 않는 손(invisible hand)'을 찾으려 했고, 그의 노력은 『국부론』을 통해 빛을 볼 수 있었다.

애덤 스미스는 1723년 스코틀랜드 동해안의 포스만을 사이에 두고 있는 에든버러(Edinburgh) 건너의 항구 마을 커콜디(Kirkcaldy)에서 태어났다. 아버지 애덤 스미스와 어머니 마거릿 더글러스(Margaret Douglas) 사이에서 유복자로 태어났다. 아버지는 에든버러에서 변호사로 개업했고, 1714년에는 커콜디의 세무위원장이 되었다. 운명의 장난인지 모르지만, 말년에 애덤 스미스 역시 아버지처럼 세무위원장이 되었다. 그는 아버지를 본 적이 없었다. 왜냐하면 그가 태어나기 몇 달 전인 1723년 1월에 세상을 등졌기 때문이다. 그는 비록 아버지는 없었지만 그에게 헌신적이었던 어머니 밑에서 부족함 없이 성장할 수 있었다. 그래서 그는 평생 동안 어머니를 극진히 모셨다. 그는 사랑하는 어머니와 함께 평생 독신으로 살았다.

애덤 스미스는 유아 시절에 병약하고 기운이 없었다고 전해진다. 그러다가 일곱 살 무렵부터 몸이 튼튼해졌고 커콜디 버러 스쿨(Burgh School of Kirkcaldy)에 다니게 되었다. 그는 독서에 대한 열정과 비범한 기억력으로 주변의 주목을 받았다. 그는 중학교를 졸업한 후, 목사가 되기를 소망하는 어머니의 뜻에 따라 1737년 11월에 글래스고대학교(Glasgow University)에 입학했다. 당시 그는 열네 살이었다.

애덤 스미스의 인생을 말할 때면 운명적인 두 번의 만남을 빼놓고 이야기할 수 없다. 첫 번째로, 프랜시스 허치슨(Francis Hutcheson, 1694~1746) 교수와의 만남이 바로 글래스고대학교에서 이뤄졌다. '최대 다수의 최대 행복'이라는 말을 처음으로 인용했던 허치슨 교수는 '박애의 철학(philosophy of benevolence)'으로 전 유럽에서 명성이 자자했다. 허치슨 교수는 고상한 형이상학에는 별로 관심이 없고 광범위한 분야를 다루는 도덕철학에 골몰했다. 18세기의 도덕철학은 결혼, 가족, 기초법학, 낡은

애덤 스미스의 스승이었던 프랜시스 허치슨.

관습, 제도 변천사, 국제관계, 종교, 인구, 미학, 윤리학, 그리고 정치경제학 등을 포괄하는 체계를 가지고 있었다. 허치슨 교수는 이기심을 근거로 하는 도덕주의의 교묘함과 천박함을 비판했다. 애덤 스미스를 유명하게 만들었던 첫 저서인 『도덕감정론(*The Theory of Moral Sentiments*)』역시 그의 스승의 저서인 『도덕철학 체계(*The System of Moral Sentiments*)』의 영향을 크게 받았다. 또한 허치슨 교수는 자신의 강의를 스미스에게 넘겨주는 등,

나중에 글래스고대학교에서 스미스가 교수가 될 수 있게 도와주었다.

글래스고대학교를 졸업한 이후 애덤 스미스는 40파운드의 고액 장학금을 받고 잉글랜드의 옥스퍼드대학교(Oxford University)에서 1740년부터 1746년까지 대학원 과정을 수학했다. 당시 스코틀랜드에서는 유럽 근대법의 바탕이 된 로마법, 인간의 진보를 꾀했던 프랑스 계몽사상, 예정설의 칼뱅주의 등 다양한 사상들이 공존해 마치 사상의 박람회장과 같았다고 한다. 그에 반해 옥스퍼드는 글래스고처럼 새로운 학문을 받아들일 수 있는 체계를 갖추지 못했다. 애덤 스미스는 글래스고에 비해 한참 보수적이었던 옥스퍼드에 매우 실망했던 것 같다. 그래서일까? 그가 『국부론』에서 역사가 깊다는 대학들을 가리켜 "파괴된 체제와 진부한 편견이 은신처를 찾아 온 세상을 샅샅이 뒤진 후에 기어들어간 성역"이라고 묘사했는데, 이는 옥스퍼드를 염두에 둔 것이 아닐까 싶다. 이러한 연유로 스미스의 우울증 증세가 옥스퍼드에서 처음 나타나게 되었다.

옥스퍼드대학교에 실망한 애덤 스미스는 혼자 도서관에서 영국, 그리스, 프랑스, 이탈리아 시인과 문인들의 순수문학을 탐독했다. 또한 자신의 영어 문체를 고치기 위한 훈련으로 프랑스어를 영어로 변역했다. 그래서 실제로 데이비드 흄과 달리

스코틀랜드 사투리 때문에 고생하지 않았다. 그리고 그는 라틴어와 그리스어에 해박했다. 그의 철학 저술에는 키케로나 아리스토텔레스, 플라톤, 에픽테토스 등이 흄이나 몽테스키외, 볼테르만큼이나 자주 등장한다. 훗날 그는 독서에 몰두할 기회를 제공해주었던 옥스퍼드대학교에 감사하다고 냉소적으로 이야기했다. 1746년 늦은 여름에 그는 옥스퍼드를 떠났다.

데이비드 흄과 마찬가지로 애덤 스미스에게 인간은 자연이라는 현실에서 살아가는 존재가 아니라, 자신의 마음과 상상력이 빚어낸 현실에서 살아가는 존재였다. 흄과 스미스가 열정(passion)과 감정(sentiment)이라고 부른 정서는 두 사람에게 이성보다 더 그럴듯한 행위의 원천이었고, 좀 더 확실한 경험의 대상이었다. 이것을 토대로 스미스는 1759년 자신의 윤리학 관련 글들을 집대성한 첫 저서 『도덕감정론』을 출간했다. 이 책은 흄, 허치슨 그리고 로크와 홉스까지 올라가, 17세기 시민전쟁의 정치적·종교적 소용돌이에 말려드는 도덕 문제에 대해 영국이 나름대로의 길을 찾으려 했던 고뇌와 혁명의 산물이라 할 수 있다. 『도덕감정론』은 언제나 옳고 좋은 것에 대한 절대적이고 보편적인 원리를 탐구하는 것이 아니라, 그때그때 특정한 경우에 따라 인간이 어떻게 옳고 그름에 대한 판단을 할 수 있는지 분석했다. 그는 이런 도덕적 판단의 원천을 '공감

도덕감정론

흄의 '연합의 원리'와 이에 기초한 '공감의 철학'은 애덤 스미스의 '공감'의 도덕철학과 밀접한 관계가 있다. 스미스의 공감의 도덕철학은 『도덕감정론(The Theory of Moral Sentiments)』에 잘 나타나 있다. 『도덕감정론』은 스미스가 1759년에 출판한 책이다. 내용은 7부로 나누어졌고, 제1부에서는 도덕적으로 바른 행위란 무엇인가를, 제2부에서 제6부까지는 상찬(賞讚)과 처벌의 근거, 의무의 감각, 미(美)와 효용에 관해서, 관습과 유행에 관해서, 미덕에 관해서 논했으며, 제7부에서 종래의 도덕철학의 여러 학설이 비판적으로 검토되고 있다. 이 책에서 스미스가 말하는 도덕은 오히려 사회적인 행위의 규준(規準)이라는 의미이며, 다시 말해 시민 사회에서의 질서의 원리였다. 스미스는 그것을 '공감'의 원리로서 전개하고 있다. 즉 자기의 행동이 타인의 공감을 받을 수 있느냐, 자기를 타인의 입장에서 보았을 때 자기 행동을 시인할 수 있느냐의 여부가 사회적인 행위의 규준이 된다고 스미스는 생각한다. 스미스가 『국부론』에서 이기심의 철학을 주장했다고들 하지만, 그것은 결코 질서를 파괴하는 따위의 방종한 것이 아니라, 이러한 객관적인 행위 규준 때문이었다.

(sympathy)'이라 했으며, 흄도 마찬가지였다. 『도덕감정론』은 유럽 전역에서 큰 성공을 거두었고, 이것을 계기로 흄을 통해 찰스 타운센드(Charles Townshend, 1725~1767)를 만나게 된다. 당시 영국의 재무부 장관은 찰스 타운센드였다. 그는 우리가 세계사를 공부하면서 한 번쯤은 들어봤던 '타운센드법(Townshend Acts)'이라는 관세법을 제정해, 미국 독립혁명에 불씨를 당긴 사람으로 유명하다.

애덤 스미스의 인생에서 두 번째 운명적인 만남은 바로 타

애덤 스미스의 후원인이었던 찰스 타운센드.

운센드 경과의 만남이었다. 허치슨 교수와의 첫 번째 만남이 그를 글래스고대학교의 교수 그리고 『도덕감정론』의 저자로 이끌었다면, 타운센드와의 두 번째 만남은 그에게 세계를 볼 수 있는 기회를 만들어주었다. 타운센드는 자신의 의붓아들 버클루(Buccleuch)가 이튼 칼리지를 졸업하면서 그랜드 투어를 할 예정인데, 스미스에게 동행해달라는 부탁을 했다. 타운센드는 스미스에게 버클루의 파리 여행에 스미스가 함께할 수 있으며,

·Concept Word·

타운센드법

타운센드법(Townshend Acts, Townshend Duties)은 대영제국 의회가 1767년 이후에 통과시킨 영국령 미국 식민지에 관한 일련의 법령을 말한다. 이 법은 중상주의에 기초하여, 영국 본국의 이익을 식민지 미국과의 교역을 통해 확보하고자 하는 목적을 가지고 있었다. 영국은 식민지 건설 단계부터 북아메리카를 착취와 약탈 대상으로 여겼다. 영국 의회는 북아메리카의 상공업이 발전하지 못하도록 발목을 잡는 각종 법령을 제정했다. 1765년 영국 의회는 북아메리카의 경제를 통제하는 설탕세법, 차(茶)세법, 인지세법을 통과시켰다. 특히 모든 인쇄물에 인지를 붙이도록 요구한 인지세법은 북아메리카 식민지 주민들에게 엄청난 타격을 주었다. 이는 북아메리카 식민지 주민들의 엄청난 반발을 일으켰다. 이에 따라 영국 의회는 1766년 3월 초에 이 법안의 폐지 법안을 통과시켰다. 그 대신에 1767년에 영국 의회는 재무장관 타운센드의 발의로 타운센드법을 통과시켰다. 이 법령은 북아메리카에서 영국으로 수입되는 유리, 종이, 안료, 차, 설탕 등에 수입세를 징수하도록 규정했다. 영국 정부는 인지세법의 폐지로 인한 주세 수입 감소를 이 수입세로 충당했다. 이런 연유로 타운센드법은 식민지의 거센 저항을 가져왔으며, 1768년에는 영국군이 보스턴을 점거하는 사태가 발생하고, 이어 1770년의 '보스턴 차 사건'으로 발전했다. 그리고 이 사건은 '미국 독립 전쟁'의 발단이 되었다.

동시에 당대 유럽 최고의 명사들을 만나게 해줄 수 있다고 말했다. 정부 고위 관료였던 타운센드는 루이 14세와 잘 아는 사이였고, 각국의 유명한 학자 및 사상가들과도 친분이 있는 사이였다.

버클루와 스미스는 1764년 2월 13일에 파리에 도착, 포브르 생제르맹에서 흄을 만나 며칠을 보낸 다음, 남부 프랑스의 학문 중심지 툴루즈 시로 향했다. 그리고 항구도시 보르도에

중농주의자 프랑수아 케네.

갔다가 1765년 가을에 제네바로 출발했다. 이곳에서 흄을 제외하고 역사를 통틀어 애덤 스미스가 가장 존경했던 프랑수아 마리 아루에(François-Marie Arouet, 1694~1778)를 만났다. 그는 볼테르라는 필명으로 더 유명했던 인물이었다. 그들은 1766년 초에 파리로 돌아갈 채비를 했다. 이후 아홉 달 동안 18세기 유럽의 지식인 사회를 휩쓸었던 자유주의 및 합리주의 사상의 대가들을 만나고 프랑스의 산업 발전과 정치, 경제적 변화를

중농주의

중농주의(重農主義, 프랑스어: physiocratie)는 18세기 계몽주의 시대 프랑스에서 발생한 경제 이론이다. physiocratie는 어원상으로는 '자연(그리스어 physis)의 지배(그리스어: kratie)'를 뜻한다. 중농주의에 따르면, 농업은 잉여생산물을 산출하는 유일한 생산 분야이기 때문에 농업이 융성한 국가는 공업국가나 상업국가보다 우위에 있다. 중농주의가 가진 의의는 잉여가치의 발생을 최초로 '생산 영역'에서 찾았다는 점이다. 그래서 스미스는 중농주의를 높이 평가했고, 마르크스 역시 중농주의를 근대 경제학의 아버지라고 평가했다. 중농주의의 대표 인물은 케네(1694~1774)와 튀르고 남작(1727~1781)이 있다. 농업에 대한 이들의 강조는 프랑스에서 역사적으로 농업이 가장 중요한 산업 분야였으며, 농업의 쇠퇴가 국민 경제 발전에 주된 걸림돌이었다는 사실에서 설명될 수 있다. 광범위한 농민층의 빈곤의 확대, 끊임없는 곡물 가격의 등귀, 잦은 흉작으로 인한 굶주림과 농업 공황 때문에 농업 분야의 개혁이 시급하게 여겨졌다. 이러한 인식은 중상주의에 대한 비판으로 이어졌다. 즉 중상주의가 아주 인위적이고 자의적인 것이며 자연스러운 경제 흐름을 방해한다는 것이었다. 경제에 대한 국가의 통제, 사치 산업 및 외국 무역에 대한 강력한 지원이라는 중상주의 경제 체제(봉건 절대주의 경제 체제)에 반대해 '자연의 영원한 가치'로 돌아가야 한다는 중농주의의 주장은 경제의 '자연적 질서'를 전개하기 위한 자유의 요구로 표현되었다.

직접 목격했다. 그는 튀르고, 달랑베르, 콩디악, 케네 등 쟁쟁한 사상가들과 교류했다.

애덤 스미스는 파리에서 국왕 루이 15세의 주치의이자 경제학자였던 프랑수아 케네(François Quesnay, 1694~1774)와 그를 중심으로 모여들었던 중농주의자들(당시 이들은 흔히 '에코노미스트(économistes)'로 불렸다)과 가까워졌다. 이들과의 교류를 통해 그가 받아들인 것은 '농업, 그리고 소지주 자작농을 중요하게 여겼다'는 점이고, 받아들이지 못한 것은 '농업과 농민만이 생산적 계급이고, 기술 노동자, 제조업자, 상인 등의 계급은 비생산적 계급으로서 무가치한 계급'이라는 점이었다. 튀르고처럼 스미스도 이들 계급 역시 잉여 생산의 원천이라고 보았다. 이런 점에서 스미스에게 가장 커다란 영향을 끼친 인물은 나중에 루이 16세 아래서 재무 장관을 역임하기도 했던 로베르 튀르고(Anne-Robert-Jacques Turgot, 1727~1781)라 할 수 있다. 스미스는 그와 자주 만나 산업과 은행 및 신용 이론 등 훗날 『국부론』에서 거론되는 쟁점에 대해 이야기했다.

이처럼 프랑스 파리에서 만났던 케네 및 튀르고 등의 경제학자들이 스미스의 경제학을 형성하는 데 커다란 영향을 미쳤다는 사실은 그 자신도 인정하는 바다. 실제로 『국부론』을 보면, 파리에서 이뤄졌던 이 당시의 토론 내용들이 4편 「중농주의에 대해서, 즉 토지의 생산물이 각국의 수입과 부의 유일한 또는 주요한 원천이라고 주장하는 경제학상의 주의에 대하여」라는 장에 그대로 나타나 있다.

1767년 6월, 스미스는 고향 커콜디로 돌아왔다. 이 당시 그는 이미 『국부론』을 집필하고 있었지만 갈수록 심해지는 우울증 등으로 좀처럼 집필을 이어가지 못하고 있었다. 그러다가 1773년 봄이 되어서야 초고가 완성되었다. 그러나 『국부론』의

영국 동인도회사 본사.

출판은 3년 뒤에나 이루어졌다. 그 이유는 아마도 영국 식민지로부터의 독립을 원하는 미국의 변화무쌍한 상황과 인도의 동인도회사에 대한 자료를 책에 추가하려 했기 때문이었지 싶다.

마침내 1776년 3월 9일, 4절판 두 권으로 인쇄된 『국부론』이 출판되었다. 이 초판본의 원제는 『국부의 본질과 원인에 관한 연구(*An Inquiry into the Nature and Causes of the Wealth of Nations*)』였으며, 가격은 1파운드 16실링이었다. 이 책은 스미스가 살아 있는 동안에만 5판을 찍었고, 순식간에 독일어, 프랑스어, 덴마

크어 등 그밖의 외국어로 번역되었다. 증보판은 1784년 11월에 별책으로 출판되었다. 증보판은 스미스가 당시의 민감한 시사 문제, 특히 인도의 동인도회사의 심각한 부패와 전횡 등을 다룸으로써 『국부론』을 현실과 맞닿아 있는 생생한 저작이 되도록 했다. 새 증보판은 13개 장에 2만 4,000단어로 구성되었고, 밀과 청어 장려금을 반대하고 프랑스와의 자유 교역을 지지하는 내용이 들어 있었다.

1776년 8월 말, 흄이 세상을 떠났다. 흄이 떠나고 얼마 되지 않아 버클루 공작과 당시 법무 차관이었던 알렉산더 웨더번이 수상 노스 경에게 그의 추천장을 써주었다. 11월에는 재무 장관 그레이 쿠퍼가 편지를 통해 스미스에게 스코틀랜드 에든버러 세관위원회 위원장 자리를 사양하지 말라고 간청했다. 스미스는 죽을 때까지 위원장 직책을 유지했다. 세관위원장 자리는 그에게는 어울리지 않는 직책이었을 것이다. 왜냐하면 그는 각 나라 간의 상호 자유무역을 옹호했는데, 세관위원장은 자연스러운 자유무역 체제를 규제하는 자리였기 때문이다.

말년의 스미스는 그가 사랑하는 어머니와 사촌누이와 함께 살았다. 1784년 5월 23일 어머니 마거릿 스미스가 세상을 떠나고 4년 뒤에는 사촌누이 미스 더글러스마저 눈을 감아 그의 심신이 점차 허약해져갔다. 1786~1787년에 그는 만성 장

폐쇄증을 앓기 시작했다. 그런데도 그는 젊었을 때부터 꿈꾸어 왔던 대작 두 편을 여전히 구상했다. 하나는 '문학, 철학, 시, 웅변의 서로 다른 갈래에 대한 일종의 철학사'이고, 또 다른 하나는 '법과 통치에 대한 일종의 이론과 역사'였다. 1787년 11월에 스코틀랜드 글래스고대학교 총장직을 제안받았고, 12월에 총장에 취임했다. 1788년 봄에 그는 허약해진 몸에도 불구하고 안간힘을 쓰면서 『도덕감정론』 개정 작업을 시작했다. 그러나 이 개정 작업은 더뎌져서 1789년 11월에야 끝맺었다. 개정판은 1790년 초에 인쇄되었고 5월에 개정판 12부가 스미스에게 도착했다. 이것이 스미스의 마지막 원고가 되었다. 1790년 6월, 젊어서부터 건강이 좋지 않았던 스미스는 결국 병상에 누웠다. 그는 병문안을 온 친구들에게 자기가 죽으면 미완성 원고와 자료를 태워버리라고 부탁했다. 스미스는 죽음을 며칠 앞둔 어느 날 친구에게 자기가 보는 데서 그것을 불태워달라고 부탁했다. 이렇게 해서 스미스가 가지고 있던 10여 권의 노트는 한 줌의 재가 되었고, 그는 그때서야 안도의 빛을 보였다고 한다. 20세기가 돼서야 글래스고대학교에서 그의 수업 내용을 필기한 학생의 노트가 발견되어, 『법학강의』, 『수사학강의』란 이름으로 출간되었다. 스미스는 1790년 7월 17일 토요일에 세상을 떠났고, 캐논게이트 교회 묘지에 안장되었다. 그는 3천권의 장서와 약간의 부동산만을 남겼는데, 대부분의 재산을 자선사업 기금으로 기부했다. 평생을 모범적인 삶을 살면서 국가의 부를 향상시키는 데 관심을 집중한 인물로서는 아이러니하면서도 감동적인 종말이 아닐 수 없다.

영화 〈뷰티풀 마인드〉에서 주인공 존 내쉬는 술집에서 프린스턴대학교의 친구들과 누가 먼저 금발 미녀를 유혹할 수 있는지 내기한다. 이때 친구들은 『국부론』한 구절을 마치 합창하듯 외우면서 '이기심'으로부터 비롯된 행동이야말로 최대 효과를 얻는다는 명제를 펼친다. 과연 스미스가 말한 이기심은 무엇일까? 그리고 그것은 오늘날 어떻게 적용되고 있을까?

이기심은 만인 대 만인의 투쟁에 직면해 있는 배타적인 개별적 개인의 이익만을 추구하는 주관적·심리적 감정으로 규정되는데, 이런 규정은 스미스에게 해당되지 않는 것이다. 그가 말하는 이기심은 위의 이기심(selfishness)이 아니라 자기애(self-love)다. 이 둘은 스미스에게 전혀 다른 의미다. 스미스의 '자기애'는 흄의 공감의 원리와 그 확장에 영향받은 바 크다. 스미스와 흄은 스미스가 흄에게 자신의 원고에 대한 관리를 맡길 만큼 '절친'이었다. 이기심(selfishness)은 타인과의 관계를 배제하고자 하는 '배타적'이고 '원자화된' 개인만을 위한 것이다. 이를테면 타인과 나의 이익 중에 나의 이익이 더 우선시되고 중요시된다는 것이다. 이에 반해 자기애(self-love)는 타인의 이익과 나의 이익 모두 중요하다는 것을 내포한다. 즉 타인과 나의 생존 모두가 보장되지 않는 한, 나의 생존이 보장되지 않음을 뜻한다는 것이다. '혼자만 잘살면 무슨 재민겨.'

그러므로 스미스의 자기애는 사람들이 일반적으로 알고 있는 이기심이 아니다. 이때의 '자기'는 자기의 현실적이고 구체적인 내용을 이루고 있는 관계 총체로서의 '인간'이다. 그리고 그러한 관계 총체인 인간으로서의 자기에 대한 '사랑'이다. 자기에 대한 사랑은 배타적인 것이 아니라 '사회적인' 것이다. 자기애로서의 사회적인 사랑은 현실적이고 구체적인 관계를 맺고 있는 사람들 사이에서 '공통적인' 것이다. 이 공통적인 것이 흄과 스미스에게 '공감(sympathy)'이다. 그리고 이 공감은 '보이지 않는 손'이며, '공평한 관찰자(impartial spectator)'이다. 또한 공감은 '실천적 행위'로서 근대의 '노동'을 통해 구체화되고 현실화되며, 이 노동은 자기 자신의 욕구 충족이 아니라 타인의 욕구 충족을 위한 노동으로서 '분업'의 형태를 띤다. 왜냐하면 사회 구성원 각각의 욕구는 '인간다움의 충족'이라는 공통 가치를 가지고 있지만, 다른 한편으로는 처해진 현실 상황에 따라 차이를 보이기 때문이다.

'공감'은 '나'나 '너'의 이해관계에 따라 이렇게 저렇게 나타나는 즉자적인 것이 아니다. 나와 너의 주관적인 이해관계를 벗어나 있는 제3자의 입장, 즉 객관적인 위치에 있는 것이라야 한다. 다시 말해 둘 모두에게, 더 나아가 우리 모두에게 공평하게 일어나야 한다는 것으로서, 각 개인의 주관 밖에 있지만 동시에 객관적인 것으로서 각 개인 모두에게 내재된 것이다. 이것이 바로 '공평한 관찰자'이다. 공평한 관찰자의 입장에 서 있을 때 우리는 서로에게 공감하며, 서로를 위로할 뿐만 아니라 자신에게도 공감할 수 있으며 자신을 위로할 수 있다.

스미스는 국가의 부를 증대하는 것에 관한 책을 썼지만, 그것은 단순히 국가의 부를 증대하는 방법이나 정책, 혹은 시장에서 부의 교환에 관한 것만 다룬 것은 아니었다는 점에서 이전 경제 사상과는 달랐다. 그는 인간의 노동이야말로 부의 본질이라고 생각했고, 그것을 통해 부가 생산되어야 한다는 점을 제시했다. 스미스가 생각하는 부는 인간 관계 총체인 나의 현실태로서 국가의 구성원 모두의 현실적이고 구체적인 욕구를 충족할 수 있는 재화를 의미한다. 그런데 이러한 재화의 생산은 나만의 욕구 충족을 위해서만 개별적으로 이루어지는 것이 아니다. 재화의 생산과 이 생산을 통한 인간으로서의 '자기 생산'은 타인의 공감과 그 공감의 실천적 행위인 노동 없이는 결코 이루어질 수 없다. 이렇게 스미스의 도덕철학의 핵심인 '공감'은 정치경제학에서 '노동'으로 재탄생된다(공감=노동). 18세기까지만 하더라도 인간의 노동이 부의 본질이라고 본 사람은 스미스밖에 없었다. 그는 노동을 다른 것으로 환원할 수 없는 절대적인 부의 기준으로 본다. 그래서 『국부론』에는 무엇보다 '인간의 노동', '노동의 인간학'이 가장 큰 비중을 차지하고 있다.

스미스는 경제를 움직이는 사람들의 동기가 자기애라고 말했다. 자기애는 공감이고, 공감은 노동으로 나타난다. 이 공감과 노동을 통해 각 개인은 서로간의 이해 충돌 관계(적대적인 경쟁 관계, 그리고 이 경쟁 관계의 필연적 산물인 독점)에서 벗어난 자유로운 존재로 삶을 영위할 수 있다. 스미스는 이러한 자유로운 삶을 꿈꾸면서 『국부론』을 저술했다. 자유로운 삶은 아무도 계획하거나 명령을 내리지 않았는데도 사람들이 필요로 하는 모든 물품과 서비스가 공급되고 소비되는 삶이다. 사람들이 원하는 모든 물품과 서비스가 적절한 때, 적절한 양만큼 생산되어 적절한 가격에 판매된다. 이것은 마치 숨 쉬는 일만큼이나 자연스러운 일이다. 이 자연스러운 것이 '보이지 않는 손'이다. 그러므로 '공감=공평한 관찰자=노동=보이지 않는 손'이라는 등식이 성립한다.

스미스는 산업혁명 직전의 노동자와 빈민의 처참한 현실

1900년대 초반 공장에서 일하는 아동 노동자.

과 비인간적인 고통에 공감하였다. 그 당시 공장에서는 나이 어린 직공들이 12시간이나 14시간씩 교대로 24시간 내내 일 했고, 먼지투성이 보일러 불에 밥을 짓고, 수십 명이 한 방에서 교대로 잠을 잤다. 물론 공장만 그런 것은 아니었다. 탄광에서 는 반나체의 남녀가 뒤섞여 일했고, 열 살 미만의 어린이들까 지 이름뿐인 품삯을 받는 대가로 햇빛도 들지 않는 막장에서 부모를 도와 일했다. 임산부가 석탄차를 끄는 모습이나 막장 안에서 해산하는 광경조차 그리 희귀한 것은 아니었다. 스미스

산업혁명의 시작을 알리는 와트의 증기기관.

는 이러한 비인간적인 고통을 해결할 방법을 『국부론』을 통해
모색하고자 했다. 그는 『국부론』에서 노동의 '분업'으로 인한
생산력의 발전이, 결국은 국가 구성원을 빈곤으로부터 건져낼
것이라는 희망을 가졌다.

분업의 역할은 단지 핀과 같은 품목들을 더 많이 만들어내
는 것에 그치지 않는다. 분업은 국가 구성원 각각의 욕구의 차
이에 기인하기도 하지만, 이 차이는 '공통적인 것(인간다움의 추
구라는 공감)'을 전제한다. 이를 전제하지 않는 한 차이는 있을

수 없다. 분업은 기술을 진보시키고 노동과 기계장치의 개선을 유도하며, 부의 규모와 생산 능력을 증대하는 방편처럼 보이지만, 도덕철학적으로는 공감을 기초로 하여 모든 국가 구성원의 욕구를 충족하는 데 목적을 두는 것이다.

『국부론』의 제1편과 제2편은 이러한 자기애의 동기에 의해 활동하는 인간을 전제한다. 제1편에서는 국부가 중상주의가 주장하는 것처럼 금과 은이 아니라 모든 국민의 구체적이고 현실적인 욕구를 충족하는 생활필수품과 편의품이며, 이러한 국부의 원천이 국민의 생산력, 즉 인간의 노동임을 강조했다. 그리고 '분업' 등을 통해 국가의 부를 증대하는 요인과 메커니즘, 즉 자본 축적의 메커니즘을 설명하고 있다. 제2편에서 스미스는 국부를 증대하는 자연적인 우선 순위가 있다고 말한다. 즉 농업→제조업→도매업→소매업 순이다. 또한 자기애의 동기에 따라 각 개인이 자신의 이익을 자유롭게 추구하도록 하면 자연스럽게 국가 전체의 이익도 증대함을 보여준다.

한편 제3편은 유럽의 봉건 사회로부터 자본주의 사회로 변해가는 과정에 대해 쓴 경제역사(經濟歷史)에 해당한다. 이를 통해 중상주의처럼 자본의 자연스러운 축적 경로(순서)를 교란하는 국가 정책을 펴면, 국부가 증대되기 힘들다는 것을 보여준다. 스미스는 제4편에서 위의 국가 정책들이 특정한 계급의 이익과 독단에 의해 도입되었음을 중상주의와 중농주의에 대한 비판을 통해 설명하고 있다.

제5편에서 스미스는 효율적인 공공정책, 다시 말해 경제성장을 촉진하는 방법을 설명한다. 그가 가장 강력하게 권하는 공공정책은 국내 상업과 국제무역의 자유화이다. 그런데 이러한 공공정책은 국가의 주도 아래 이루어져야 한다고 그는 말한다. 또한 분업으로 인한 청년의 지적 재능 상실 때문에 대학교육과 같은 전체적이고 폭넓은 청년 교육을, 즉 국민 대다수인 노동빈민을 위한 폭넓은 지적 성장 교육을 국가가 책임지고 활성화해야 한다고 주장한다. 이를 통해 국가는 시장에서 경제적 강자가 경제적 약자를 억압하는 것을 용납하지 않는 '공평한 관찰자' 역할을 수행해야 한다고 그는 주장했다.

스미스의 사상은 인류의 귀중한 유산으로 남아 있지만, 그렇다고 박물관의 창고에만 갇혀 있는 것은 더더욱 아니다. 우리는 흔히 스미스를 근대 경제학의 어머니라고 일컫는다. 물론 스미스 이전에도 경제현상을 연구한 사람들은 많이 있었다. 굳이 아리스토텔레스까지 갈 것도 없이, 윌리엄 페티(William Petty), 존 로크(John Locke), 데이비드 흄(David Hume), 프랑수아 케네(Francois Quesnay) 등등이 있었다. 그런데 이런 사람들을 제쳐두고 스미스를 유독 근대 경제학의 어머니라고 부르는 이유는

윌리엄 페티 경과 존 로크

윌리엄 페티 경(Sir William Petty, 1623~1687)은 영국의 경제학자이다. 처음엔 의학을 공부했으나, 뒤에 경제학에 열중했다. 1649년에 옥스퍼드 대학교의 교수가 되었으며, 경제학뿐 아니라 여러 방면에 걸쳐 많은 업적을 남겼다. 중농주의의 선구자로서 노동가치설을 주장했으며, 저서 『정치산술(*Political Arithmetic*)』에서 사회와 경제를 통계학적으로 설명하려 했다. 이러한 시도는 애덤 스미스의 분업론에 많은 영향을 주었다.

존 로크(John Locke, 1632년~1704)는 영국의 철학자·정치사상가이다. 로크는 영국의 첫 경험론 철학자로 평가를 받는다. 로크의 경험론 철학은 인식론적인 기본 방향을 가지고 있다. 그는 본유(本有)관념(또는 생득관념, 태어나기 이전부터 인간에게 이미 존재하는 개념)을 내세우는 데카르트의 합리론을 반박하는 경험론의 입장을 취한다. 로크에 따르면 인간의 지성은 태어날 때부터 '백지(白紙) 상태(tabula rasa)'와 같다. 모든 지식과 관념은 감각 경험 및 감각 지각에 근거하는 것이다. 이러한 로크의 경험론은 로크의 자연법 사상 그리고 사회계약론과 직결된다. 로크는 자신의 자연법 사상을 바탕으로 사회계약론과 국가론을 전개한다. 로크가 출발점으로 삼고 있는 자연 상태는 모든 개인들이 평등하고 자유롭게 존재하며 노동을 통해 재산을 획득하는 상태이다. 로크는 이런 자연 상태로부터 출발하여 사회계약론을 거쳐 국가론에 이르게 된다. 그의 저서들은 볼테르와 루소에게 영향을 주었으며, 미국 혁명뿐만 아니라 여러 스코틀랜드 계몽주의 사상가들에게도 영향을 미쳤다. 그의 영향은 미국 독립 선언문에 반영되어 있다.

무엇일까? 그것은 그가 처음으로 부의 본질이 노동이라는 점을 말했기 때문이다.

스미스가 가장 중요하게 생각했던 것은 모든 국민의 부와 사회적 이익이었다. 그렇기 때문에 그의 경제학은 현대 부르주아 경제학이 주장하는 시장만능주의적 자유방임(이를 오늘날 신자유주의라 칭한다), 그리고 이에 따른 소수의 부의 독점과는 상당히 다른 사상적 기반 위에 있다. 이러한 차이를 잘 보여주는 것이 바로 『국부론』이다. 그리고 현대 부르주아 경제학이 주장하는 신자유주의의 문제점이 생겨났을 때, 이 문제점에 대한 해결책으로서 『국부론』이 등장하는 한, 『국부론』은 죽지 않고 '살아 있는' 고전으로 남을 것이다.

애덤 스미스의 철학적 세계관의 기초:
경험론의 연합의 원리와 공감의 원칙

보통 우리가 '사상(思想)'에 관해 이야기할 때, 이 사상은 사회, 경제, 정치, 인생 등에 대한 일정한 생각이나 견해라는 의미다. 그런데 우리가 다시 한번 물어봐야 할 것이 있다. 그것은 근본적으로 사회, 경제, 정치, 인생 등을 어떤 관점에서 보는가 하는 것이다. 이러한 근원적인 것을 묻지 않고 이러저러한 사회관, 경제관, 정치관, 인생관을 무비판적으로 받아들인다면, 결국 학교에서 주입하듯 가르친 것을 암기하는 것에 불과하다. 근원적인 것을 묻는 것을 '철학적 물음'이라 하며, 이 물음으로부터 나타나는 것이 '세계관'이다. 철학은 자신의 세계관을 확립하는 작업이며, 이 작업이 바로 철학의 목적이라 해도 과언이 아니다. 그러므로 자신의 근본적이고 철학적인 세계관이 무엇인지를 의식하지 못한다면, 우리는 영화 〈매트릭스〉에서 보는 것처럼 '보이지 않는 손'에 의해 주입된 '기억과 감정' 등에 의해 조종되는 게임 속 캐릭터에 지나지 않을 것이다.

우리가 애덤 스미스의 '경제관'과 그 경제관으로부터 비롯된 『국부론』의 내용을 안다고 우리 자신의 세계관이 무엇인지 아는 것은 아니다. 이를 알기 위해서는 그의 경제관 너머의 철학적 세계관이 무엇인지 파악해야만 한다. 그래야 그로부터 받아들일 것은 받아들이고 버릴 것은 버림으로써 세계관을 확립할 기초를 마련할 수 있다.

근대의 철학적 세계관은 '기계적 세계관'이다. 기계적 세계관은 세계가 커다란 기계처럼 구성되어 있는데, 기계를 여러 부속품들로 분해할 수 있고 분해했던 부속품들을 다시 결합할 수 있는 것처럼, 이 세계를 가장 근원적인 것으로까지 쪼갤 수 있고(분석할 수 있고) 이것을 다시 결합해 지금 눈에 보이는 세계가 어떻게 구성되어 있는지를 설명할 수 있다는 세계관이다. 이 세계관에 따르면, 기계의 부속품들을 그때그때 상황에 따라 이리저리 결합해 기계를 개량할 수 있는 것처럼, 이 세계는 우리가 처한 상황에 따라 변화시킬 수 있다. 이 세계관 때문에 근대 이후 과학이 급속도로 발전하기 시작했다. 그러므로 근대부터 현대에 이르기까지의 오늘날의 과학은 '기계적 세계관'에 기초해 있다고 할 수 있다.

이와 반대되는 세계관은 '유기적 세계관'이다. 유기적 세계관은 세계를 기계가 아니라 인간의 몸과 같은 유기적 생명체로 본다. 즉 인간의 몸은 기계 부품처럼 세포 하나하나 분해했다가 다시 결합할 수 없는 것처럼 세계 역시 이렇게 분해할 수 없다고 본다. 이 세계관이 지배한 시대는 중세 봉건 시대이다. 중세 봉건 시대에는 무한히 분해하고 결합할 수 있다는 기계적 세계관에 토대를 두고 있는 과학이 성립·발전할 수 없었다. 이런 이유로 중세 봉건 시대를 '과학의 암흑기'라고 부른다.

근대의 기계적 세계관의 역사적·사상적 배경 중 하나가 '종교 개혁'이다. 종교 개혁의 핵심은 사제(신부)를 매개로 하는 신과의 간접적인 관계로부터 사제의 매개를 배제하는 신과의 직접적인 독대이다. 이러한 직접적인 만남은 성경을 통해서 또는 개인들의 느낌을 통해서 이루어진다. 이 개인들은 서로가 서로에 대해 간섭이나 통제를 받지 않는 자유로운 존재이며, 누구라도 이러한 자유를 누릴 수 있다는 점에서 평등한 존재가 되었다. 이제 개인들은 중세 봉건 질서(분해할 수 없는 불변적

종교 개혁

종교 개혁(Reformation)은 가톨릭교회의 개혁을 위한 교회 내부 운동으로 1517년을 기준으로 본다. 1517년 10월 31일 종교 개혁가 마르틴 루터가 당시 가톨릭교회가 교황을 중심으로 하는 서유럽 정치와 가톨릭교회의 면죄부 판매, 연옥에 대한 교황권 주장, 그리고 공로 사상을 비판한 내용의 95개조 반박문을 발표하는 사건으로 출발해, 오직 성경의 권위와 오직 은혜(sola gratia), 오직 믿음(sola fide)을 강조함으로써 부패한 교황 제도 중심의 교회와 교회의 제도를 새롭게 개혁시키고자 했던 가톨릭교회 개혁 운동이다. 이 종교 개혁의 이전에도 이미 가톨릭교회 내부에 존 위클리프, 얀 후스, 윌리엄 틴들, 사보나롤라, 웨셀 간스포트와 같은 선구자에 의해 시작된 종교 개혁가들의 신학 운동이 있었다. 이미 교회 개혁의 영향은 중세 르네상스 인문주의자들로부터 시작되어왔다. 인문주의자들의 방법을 통하여 성경을 원문으로 해석하고 오직 성경(sola scriptura)을 강조함으로써 복음의 기록, 성경의 권위를 교회의 모든 제도인 교황과 교회 직제, 교회 전통보다 더 높은 권위에 두었다.

이고 유기적인 질서)에서 벗어나 기계의 부속품과 같은 개별적인 존재가 되었다. 그리고 신은 모든 개별 인간들과 직접 만나기 위해 천상에서 지상으로 내려올 수밖에 없었다. 그래서 신의 의지와 뜻은 천상이 아니라 우리가 경험하는 현실 세계에 있게 되었다. 무한한 존재인 신의 뜻을 알기 위해서는 유한한 지상 세계를 무한하게 분석해보아야(쪼개보아야) 한다. 그리고 그 무한한 것이 결합되어 지상 세계의 유한한 것이 된다. 이는 근대 수학에서 '미분'과 '적분'으로 나타났다. 근대의 기계적 세계관에는 변증법(A는 A임과 동시에 A가 아니다)의 싹이 내재해 있다(그런 점에서 변증법은 하늘에서 뚝 떨어진 것이 아니다). 그리고 근대의 기계적 세계관은 경험론과 합리론이라는 두 형태로 갈라진다. 경험론과 합리론은 서로가 서로를 전제하는 동전의 양면과 같은 모순적인 관계에 있다. 애덤 스미스의 세계관은 근대 경험론, 특히 흄의 경험론에 기초해 있다. 경험론이란 인간의 지식이 감각적 경험에서 비롯된다는 철학적 경향이다. 그런데 흄은 감각적 경험에서 지식으로 나아가는 첫 번째 관문으로 인상(impression)과 관념(idea)이라는 지각(perceive)을 든다. 인상은 감각적 경험에 의해 가장 생생하게 들어오는 지각이고, 인상이 사라진 다음 기억이나 상상 속에 나타나는 것이 관념이다. 그러니 인상과 관념 중에 인상이 더 먼저다. 관념은 인상의 모사(模寫, copying)라고 할 수 있는데, 이 둘에서는 존 로크(John Locke, 1632~1704) 식의 사물과 관념의 관계가 성립한다. 그리하여 흄에게서 인간 지식의 궁극적 근원은 인상이다. 그리고 관념은 공상적일 수도 있지만 인상은 지각하는 자가 자기 마음대로 할 수 없다는 점에서 관념보다 신뢰성이 높다. 지각하는 자가 자기 마음대로 할 수 없다는 것은 인상이 '주관적인' 것이 아니라 지극히 '객관적인' 것이며, 이 객관적인 것을 그대로 모사하는 것이 관념이기 때문에 흄은 실재하는 것은 지각뿐이라고 말한다.

경험론과 합리론

경험론(經驗論, empiricism)이란 오직 관찰, 측정 및 실험의 방법에만 기초를 둔 경험을 인식 일반과 동일시하는 '인식론적 학설들'을 총괄하는 말이다. 그런데 근대에 들어와서 베이컨으로부터 시작되어 로크, 버클리, 흄에 이르는 철학적 발전 과정이 뚜렷하게 인식론적, 경험론적 경향을 띠고 있기 때문에 '경험론'이라는 명칭은 보다 넓은 의미에서 위의 철학적 발전 과정을 이르기 위해 사용되기도 한다. 이럴 때 대개 '영국 경험론'을 가리킨다. 경험론은 인식론으로 알려진 인간의 지식에 관한 학문 중 가장 널리 퍼진 관점이기도 하다. 경험론에서는 관념의 형성 과정에서 합리론자인 데카르트의 생득관념보다는 경험과 증거, 특히 감각에 의한 지각을 강조한다. 합리론(合理論, rationalism), 합리주의(合理主義) 또는 이성주의(理性主義)는 인식 과정 가운데 이성적인 단계를 절대화하며 이성(사유)만이 진리를 발견할 수 있다는 생각에서 출발하는 인식론적 경향이다. 합리론은 또한 사유(이성)만을 진리의 기준으로 삼는다. 합리론에서는 경험론이 중요시하는 인식의 감각적인 단계를 기만적이고 혼란을 야기하는 오류의 근원으로 여기며, 참된 인식을 방해하는 것이라고 여긴다.

흄에게서 인간의 모든 지식은 관념의 결합에서 생기는 관념의 다발이다(이 다발은 기계적 결합을 뜻한다). 흄은 이러한 결합에서 관념들 상호 간에 인력과 같은 힘(이는 뉴턴의 만유인력과 같은 것으로, 흄이 뉴턴의 영향을 받았다고 할 수 있다)이 작용한다고 보고, 이를 관념의 연합의 법칙(association of ideas)이라고 불렀다. 이 연합의 법칙에는 세 가지가 있다. (1) 유사의 연합(association by resemblance)은 유사한 관념이나 대조적인 관념이 서로 결합한다는 것이다. (2) 접근의 연합(association by contiguity)은 시·공간적

변증법

변증법(辯證法, 영어: dialectics, 독일어: dialektik)이란 원래 대화의 기술을 뜻하는 그리스어 dialektikē에서 나왔다. 변증법은 자연, 사회 및 사유의 보편적 운동과 발전의 제 법칙에 관한 철학적 사유 방법이다. 변증법은 연관과 발전의 일반 이론이자 사유와 행위의 일반적 방법이다. 고대의 변증법은, 서로 모순되는 견해들을 대질시켜 놓고 대화를 통해 모순을 극복하여 진리에 도달하는 방법이었다. 변증법에 대한 이러한 견해는 소크라테스(Sokrates)에 이르러, 그리고 플라톤(Platon)의 '대화편'에서 모습을 드러낸다. 이들은 서로 반대되는 입장 사이의 대화를 통하여 하나의 사물에 대한 개념으로, 즉 진리로 나아가는 방법을 사용했다.

헤겔에게서 변증법은 형이상학에 대립되는 인식의 방법이며, 동시에 사유의 자기운동과 현실의 자기운동의 내적 합법칙성이다. 인식 방법으로서의 변증법은 대상을 대립적인 제 규정의 통일로서 파악하는 이성의 능력이다. 이에 반해 형이상학적 오성은 대립적인 제 규정 중에 하나만을 인정하며, 대상을 다만 일면적으로만 규정한다. 헤겔의 변증법은 관념론적 변증법이며, '개념의 자기운동'이다.

으로 접근해 있거나 연속해 있는 관념은 서로 결합한다는 것이다. (3) 인과의 연합(association by causality)은 원인과 결과의 관계에 있는 관념은 서로 결합한다는 것이다. 이러한 관념의 연합은 우리의 오랜 습관에 의해 형성된 사고방식으로서 일종의 신념이다.

그런데 일종의 신념으로서 연합의 법칙은 눈에 보이지 않지만 사물들 사이의 관계에 자연스럽게 존재하기 때문에 객관적인 것이다. 객관적인 법칙으로서의 연합의 법칙은 인간들 사이의 관계에도 그대로 적용된다. 이는 흄의 도덕철학에서도 나타나는데, 이를 한마디로 이야기하면 '공감의 철학'이라고 할 수 있다. 흄에게서 인간은 본성적으로 타인과 아무런 관계도 맺지 않는 개별적이고 이기적인 존재가 아니라 타인과의 공감을 통해 존재하는 공감의 존재이다. 그러므로 흄은 인간의 본성이 이기적이라는 것에 비판적인 태도를 취했으며, 이기적인 인간관을 바탕으로 하는 공리주의 역시 비판했다.

흄의 연합의 원리에는 모든 인간에게 좋은 것, 선한 것이 되어야 한다는 실천적 계기가 내재해 있다. 이런 실천적 계기 속에는 "타인의 기쁨에 대한 욕망과 그의 고통에 대한 혐오를 겸하는 인상들에 대응하는 것"이 있는데, 흄은 이것을 '공감(sympathy)'이라고 한다.[1] 그런데 이 공감은 "이중의 공감이 되어야 한다." 왜냐하면 "공감은 현재의 계기에 제한되는 것이 아니라 미래로 확장되어야"[2] 하기 때문이다. 공감의 확장은 공감의 배제가 없으면 명확히 드러나지 않는다. 현재에서의 공감은 배제의 특성을 지닌다. 아직 나타나지 않는 미래의 것은 우리의 지각의 다발에 속하지 않기 때문이다. 미래의 공감은 확장의 특성을 지닌다. 그런데 확장은 배제를 통하지 않고서는

---

1 데이비드 흄, 이준호 옮김, 『인간 본성에 관한 논고 2—정념에 관하여』(서광사, 1996), 128쪽. 질 들뢰즈, 한정헌·정유경 옮김, 『경험주의와 주체성』(난장, 2012), 56쪽에서 재인용.
2 질 들뢰즈, 같은 책, 56쪽.

이루어질 수 없다. 배제는 인간의 본성, 즉 자연스러운 것이다. 인간은 현실을 살 수밖에 없는 존재이기 때문이다. 다시 말해 인간은 현실이라는 특수한 이해관계를 통해 살아가는 존재라는 것이다. 배제와 확장은 서로 분리되어 있는 것이 아니라 동전의 양면처럼 상호 불가분의 변증법적 관계에 있는 것이다.

이때 배제는 일반적인 의미에서 타인을 의식적이고 강압적으로 '왕따'시키는 것이 아니라, 인간이 시·공간적으로 제약을 받는 그 자체 유한한 현실적 존재로서 현실을 넘어선 미래의 존재와 관계를 맺을 수 없는 한계를 지적하는 의미이다. 다른 한편, 확장은 인간이 자신의 시·공간적인 제약을 뛰어넘어 미래의 존재와 관계를 가지려는 본성을 의미한다. 인간은 현실을 살고 있는 존재이지만, 동시에 이 현재의 삶을 아무렇게나 살아가는 것이 아니라 미래에 자신의 정체성을 두고 그 정체성에 따라 자신의 현재 삶을 규정하고 살아가는 이중적 존재이기 때문이다.

흄의 연합의 원리와 이에 기초한 공감의 철학은 애덤 스미스의 '공감'의 도덕철학 및 인간관과 밀접한 관계가 있다. 그의 공감의 도덕철학은 『도덕감정론』에서 잘 나타난다. 이를 통해 그가 추구하는 바는 사회 질서를 끌어내는 인간 본성이 이성보다는 감정에 기초해 있다는 것을 밝히는 일이다. 그렇지만 흄에게서와 마찬가지로 이성과 감정이 분리된 것이 아니다. 즉 흄의 연합의 원리와 이에 기초한 공감의 철학처럼 인간의 감정 역시 이성과 분리 불가능한 관계에 있다는 것이다. 이에 바탕해 애덤 스미스는 사회 질서의 기초를 구성하는 원리, 즉 도덕 원리는 감정에 근거한다고 생각했다.

애덤 스미스의 도덕 원리는 데이비스 허치슨이 주장하는 하나의 특수한 단 하나의 감정(sentiment)이 아닌 여러 가지 감정(sentiments)을 바탕으로 하는 것으로, 기쁨, 분노, 슬픔 등 다양한 감정이 상호 작용함으로써 사회 질서가 형성된다는 것이다. 이러한 다양한 감정을 가진 인간은 흄의 연합의 원리와 같은 '보이지 않는 손'에 의해 공감을 갖는다. 공감은 연합의 원리처럼 대단히 자연적인 것으로서 인간에게 '이미 주어진 것'이다. 따라서 인간은 자연적으로 타인의 감정을 이해하고 공감할 수 있다. 예컨대 우리는 상대방이 슬퍼하는 모습을 봤을 때 별도의 논리적 사고 없이 본능적으로 슬픔을 경험한다.

우리는 타인의 감정과 행위에 대해 공감하고, 타인 역시 우리의 감정과 행위에 대해 공감한다. 그런데 이 '공감한다'는 것에 대한 명확한 규정이 있을까? 즉 어떤 때에는 공감하고, 또 어떤 때에는 공감하지 않는다는 분명한 규정이 있을까? 있다면 그 규정은 무엇일까? 이에 대해 애덤 스미스는 '있다'고 말하고, 그것을 '공평한 관찰자(impartial spectator)'라고 말한다. '공감'은 '나'와 '너'의 이해관계에 따라 이렇게 저렇게 나타나는 즉자적인 것이 아니다. 나와 너의 주관적인 이해관계를 벗어나 있는 제3자의 입장, 즉 객관적인 위치에 있는 것이라야 한다. 다시 말해 둘 모두, 더 나아가 우리 모두에게 공평하게 일어나야 하는 것으로서, 각 개인의 주관 밖에 있지만 동시에 객관적으로 각 개인 모두에게 내재된 것이다. 이것이 바로 '공평한 관찰자'이다. 공평한 관찰자의 입장에 서 있을 때 우리는 서로가 서로에게 공감하며, 서로를 위로할 뿐만 아니라 자기 자신에게도 공감할 수 있으며 자신을 위로하게 된다.

애덤 스미스의 '공감'의 도덕철학과 인간관은 이기적 인간관을 전제로 하는 자본주의 경제의 문제점을 해결할 단초가될 수 있다. 그리고 이러한 '공감'의 도덕철학과 인간관이 『국부론』의 내용에 녹아들어가 있다. 여기서 우리는 이 책을 통해 그가 주장하려는 생각이 무엇인지를 잘 파악해야 한다. 이러한 노력 없이 책을 읽는다면 애덤 스미스와 『국부론』에 대한 단편적인 지식을 좀 더 얻을지는 몰라도, 그의 진정한 생각은 이해할 수 없으며 나아가 오늘날 처해 있는 문제점에 대한 해결책의 싹을 그로부터 얻을 수 없다. 흄의 '공감'의 도덕철학과 인간관에 기초해서 『국부론』에서 그가 주장하고자 한 몇 가지를 생각해보자. 첫째, 애덤 스미스의 '보이지 않는 손'의 의미가 무엇일지를 생각해보자. 둘째, 애덤 스미스가 인간의 '이기심'을 어떻게 보고 있는지, 그리고 이에 기초해 독점에 반대하고 경쟁에 기초한 '자유방임주의'를 어떤 의미로 주장했는지 살펴보자. 셋째, 애덤 스미스가 국부 증대의 중요한 요인으로서 '분업'을 들고 있는데, 이 분업이 무엇에 기초해 있는 것인지, 그리고 그의 분업이 오늘날 자본주의 사회에서 이루어지고 있는 분업과 어떻게 다른지 곰곰이 따져보자.

시장자유주의와 복지주의의 인간관,
그리고 마르크스의 유물론적 인간관

앞에서 살펴보았듯이 『국부론』에는 애덤 스미스의 '공감' 의 철학이 녹아들어 있다. 이 공감의 철학에는 그의 '인간관' 이 내재되어 있다. 근대 철학의 세계관은 '기계적' 세계관이며, 이 세계관에 따라 인간 역시도 기계 부품과 같이 개별적이고 원자적인 존재이며, 그 관계가 기계적인 결합으로 이루어진다. 그러므로 근대의 인간관은 인간을 '너는 너, 나는 나'라는 식의 개별적이고 원자화된 존재로 본다(그리고 이러한 인간관은 오늘날 상 식적인 것이 되었다).

개별적이고 원자화되어 있는 개인으로서 인간들의 관계는 기계적 결합에 기초한 것인데, 그 결합이 이 개인들 밖에 있는 외부적인 강제력에 의한 것인지 아니면 그 개인들의 내재적 본성에 의한 것인지에 따라 인간에 대한 규정이 달라진다. 전자의 인간관에 따르면, 각 개인은 자신의 생존을 위해 다른 개인들을 밀쳐내거나 배제하려는 본성을 가지고 있다(이는 척력(같은 극끼리 서로 밀쳐내는 힘)과 같은 자연의 원리, 힘에 비견된다). 이 개인들에게는 서로가 조화롭게 관계할 수 있는 내적인 힘이 없기 때문에, 서로 밀쳐내는 모든 척력을 무화시켜 이 개인들을 조화롭게 관계 맺게 하는 절대적인 외부 힘이 요청된다. 자본주의 시대의 개인들은 서로 적대적인 경쟁(척력)을 통해 자신의 생존을 보존하려는 특성이 있는데, 이러한 개인들을 한데 모아 시장에서 서로 관계 맺게 해주는 절대적인 외부의 힘이 자본이다(그래서 마르크스는 자본을 물신(物神, a fetish)이라고 칭했다). 이 인간관에 따라 인간의 본성이 이기적이라는 '이기주의'가 성립된다. 홉스(Thomas Hobbes, 1588~1679)의 사회계약론(이 계약론에 따라 국가는 절대적인 존재로서의 리바이어던(닥치는 대로 먹어치우는 신화 속의 거대한 괴물)으로 나타난다), '최대 다수의 최대 행복'이라는 벤담(Jeremy Bentham, 1748~1832)의 공리주의 등이 대표적으로 이러한 인간관에 속한다.

토머스 홉스와 그의 저서 『리바이어던』의 표지.

　이와 달리 후자의 인간관에 따르면, 각 개인은 자신의 생존을 위해 뉴턴(Isaac Newton, 1643~1727)의 '만유인력'처럼 다른 개인들과 협력하는 관계를 맺고자 하는 본성을 가진다. 이 개인들은 협력하려는 내적 본성을 가지기 때문에, 이 개인들을 조화롭게 관계 맺게 하는 절대적인 인위적이고 외적인 힘(국가)을 요청할 필요가 없다. 그러므로 국가는 야경국가가 되고, 각 개인들은 내적 본성에 따라 자유롭게 서로 조화로운 관계를 맺

토머스 홉스

홉스는 사회 계약에 대해 명확하고 자세하게 말한 최초의 근대 정치철학자이다. 홉스가 자신의 저서 『리바이어던』에서 출발점으로 삼고 있는 것은 불변적이고 개인주의적이며 이기주의적인 인간관이다. 이러한 인간이 홉스가 말하는 자연 상태에 살고 있는 인간이다. 재산과 권력에 대한 이들의 욕구는 '만인에 대한 만인의 투쟁'을 일으킨다. 이런 면에서 볼 때 인간은 '인간에 대한 늑대'이다. 홉스에 따르면 폭력에 의해 야기되는 죽음에 대한 두려움과 이에 따라 점증하는 자기 보존의 노력으로부터 자연 이성의 요구를 통하여 '계약의 필요성과 신의를 지켜야 할 필요성'이 생겨난다. 이와 함께 도덕적 덕과 시민적 의무의 요소들이 주어지게 된다. 투쟁 상태를 종결짓는 인간 사이의 이러한 계약을 통해 시민국가가 성립된다. 이때 개별적인 개인들의 자연권은 제3자인 국가에게 양도된다. 개별적인 시민은 국가 권력 소유자의 일반 의지에 스스로를 내맡긴다. 홉스는 국가를 리바이어던이라고 불렀으며, 이는 국가가 사회계약에 의해 만들어진 인공적 산물이라는 점을 강조하기 위해서였던 것 같다. 『리바이어던』은 유럽에서 망명 중이던 찰스 2세에게 헌정되었으나, 거절당했다. 찰스 2세와 그 주변 참모들은 사회계약이라는 개념을 바탕으로 절대왕권을 옹호한 홉스의 추론 방식을 탐탁지 않게 여겼다. 시민들이 자신들의 보존을 위해 맺은 계약으로 왕이 권력을 얻는다면, 왕의 권력은 아래로부터 형성된 것이기 때문이다. 그래서 그들은 홉스의 논리 대신에 왕권은 신이 부여한다는 왕권신수설을 그들의 논리로 채택했다. 왕권신수설은 위로부터의 권력형성을 의미하며, 권력 형성 과정에서 시민은 어떠한 관여도 할 수 없는 것이다.

게 된다고 본다(그런데 시장에서 수요와 공급을 통해 이러한 내적인 본성을 실현해 조화로운 관계를 맺을 수 있다고 보는 것이 시장자유주의이다). 흄의 연합의 관계에 따른 공감론, 애덤 스미스의 공감의 인간론, 루소의 사회계약설 등이 대표적으로 이 인간관에 속한다. 이 인간관에 따르면 전자의 인간관에 의거한 '이기주의'는 성립하기 힘들다. 그리고 애덤 스미스의 '보이지 않는 손'은 상식처럼 되어 있는 시장의 원리 또는 시장자유주의를 의미하는 것이 아니라, 조화로운 관계를 맺고자 하는 인간의 본성을 의미하며, 이는 『국부론』 제2편(자본의 성질·축적·사용)에서 잘 드러난다.

그런데 전자의 인간관과 후자의 인간관은 서로 대립돼 보이지만, 동전의 양면처럼 불가분의 관계에 있다. 즉 이 두 인간관은 서로가 서로를 전제하지 않으면 성립할 수 없다는 것이다. 고전 자유주의와 신자유주의(시장자유주의)는 국가 개입을 꺼려한다(야경국가)는 점에서는 후자의 인간관에 따르고, 자본의 입장에서 본다면 전자의 인간관에 따른다. 다른 한편 시장자유주의와 대립되는 복지주의는 국가의 강력한 개입을 필요로 한다는 점에서는 전자의 인간관에 따르고, 빈부 격차를 어느 정도 해소하고 계층 간의 조화를 꾀한다는 점에서는 후자의 인간관에 따르는 것이 된다. 자본은 자기 자신 속에 이 두 인간관을 동시에 내재하고 있다. 그리고 자본의 모순이 드러날 때마다 이 두 카드를 번갈아 제시해왔다. 그러나 이 두 카드의 제시는 자본의 모순을 해결해온 것이 아니라 심화시켜왔다고 할 수 있다.

애덤 스미스의 인간관은 헤겔(Georg Wilhelm Friedrich Hegel,

1770~1831)의 인간관으로 이어진다. 애덤 스미스와 같은 근대 고전 경제학자의 입장에서 인간은 추상화되고 개별화된 존재이다. 헤겔에게서 이 인간은 "자기의식"이다. 이 자기의식이 처음으로 자신을 마주하게 되었을 때, 이때의 "자기는 추상적 이기주의자로서의 인간이요, 자신의 순수 추상 속에서 사고로 고양된 이기주의이다."[3] 즉 이 개인이 맨 처음에 자기 자신을 누구와도 관계 맺지 않고 자신의 생명만을 유지하려는 욕구를 가진(이기적인) 존재로 의식한다는 것이다. 이렇게 해서 이 자신은 자기의식의 최초의 내용이 된다. 그래서 헤겔은 근대 고전 경제학자의 입장에 선다. 그런데 헤겔에게서 개별적이고 이기적인 존재로 파악된 인간은 어떻게 이 개별화를 뛰어넘어 '가족, 시민 사회, 국가'라는 공동성과 사회성을 지닌 인간으로 발전했는가? 그것은 헤겔의 '부정의 부정'을 통해, 즉 자기의식이 자신의 내용이 될 또 다른 타자를 경험하고서(부정) 이 타자를 자신의 내용으로 삼아 자신과 동일한 것으로 만듦(부정한 것을 다시 부정)을 통해서다. 이는 결국 현실적인 인간에 대해 자립적인 세계정신(절대정신)에 의해서다. 이 세계정신은 바로 자본주의 사회에서 "자본"으로 상정된다.

---

3 카를 마르크스, *MEW* 40, 『경제학-철학 수고』, 575쪽.

변증법을 체계화시킨 게오르크 빌헬름 프리드리히 헤겔.

　헤겔은, 인간이 역사 속에서 자신의 생산 활동을 통해 점점 자연을 넘어서며, 자신의 힘을 발휘하고 발전한다는 것을 드러내 보여준다. 그런데 개개인은 현실에서의 절박한 욕구와 당면한 관심사에 국한된 특수한 활동을 하기 마련인데, 어떻게 이러한 개인 활동을 바탕으로 역사가 더 고차적인 발전을 이룩할 수 있는가 하는 문제가 제기된다. 여기서 헤겔은 '이성의 간지(List der Vernunft)'라는 사변적 범주를 도입한다.

게오르크 빌헬름 프리드리히 헤겔

게오르크 빌헬름 프리드리히 헤겔(Georg Wilhelm Friedrich Hegel, 1770~1831)은 변증법을 완성시킨, 독일 관념론의 대표 철학자이다. 헤겔에 의하면 변증법은 동일한 대상을 보다 합리적으로 이해하고 종합하는 단계에서 그리고 문제의 본질을 탐수해 나가는 단계에서 모순을 해명하고 해결하는 과정을 포함하는 사고 형식이다. 헤겔은 사고의 형식과 법칙을 사고 자체에서 도출하지 않는다. 헤겔에 의하면 사고의 형식과 법칙은 보편적이고 필연적인 측면에서 이해된 인류의 지적 발전에 의해 집적된 역사적 과정에서 드러난다. 헤겔에게서 추상적 동일성의 도식들은 더 이상 논리학의 주제가 아니다. 사람들이 공동으로 창출한 학문과 기술의 역사적 과정이 논리학의 주제가 되는 것이다. 이 과정은 사고를 대상 활동을 통해 실현하는 것이다. 동시에 이 과정은 사고를 의식 외부의 사물과 사건의 형태로 실현하는 대상 활동도 하나의 단계로 포함한다. 헤겔은 칸트의 이념과 현실의 이원론을 극복하여 일원화하고, 절대정신이 변증법적 과정을 경유해서 자연·역사·사회·국가 등의 현실이 되어 자기 발전을 해가는 체계를 종합 정리했다.

헤겔에 따르면, 개인이 역사로 등장하는 것이 아니라 세계정신(절대정신)이 개인을 도구로 사용한다. 흔히 역사적 위인을 영웅화하는 것은 그들의 탁월한 능력 때문이 아니다. 세계정신은 스스로의 목적을 수행하는 과정에서 오히려 가치 없다고 생각되거나 연약한 개인을 등장시키는 경우도 있다. 여기서 주목할 사실은 시대정신(세계정신)이라는 역사적 필연성이 바로 이들 개인 속에서 체현되고 있다는 점이다. 세계정신은 흔히 개인의 의도나 목적과 반대방향으로 작용하기도 한다. 물론 여기서 그 개인의 입장으로는 마치 자기가 개인적 권력을 신장시키며, 특정한 개인적 목적을 위해 행동하는 것으로 생각할 수도 있다. 그러나 사실은 여기에 '이성의 간지'가 작용해 '개인의 우연한 목적'과는 무관한 역사의 필연을 추구하고 작동시키는 것이다. 이처럼 이성의 간지라는 개념은 인간의 열정, 관심사, 행위 등을 이용해 역사적 필연성을 관철하는 초개인적이고 초월적인 세계정신, 이념을 전제한다.

헤겔에 의하면 개인은 오직 당면 목적을 위해 노력하는 데 반해서, 역사의 이성(세계정신 또는 절대정신으로서의 이성)은 개인들의 행동을 조정해 자유의 진보라는 포괄적이고 보편적인 목표를 달성한다. 그리고 '세계사적 개인이나 역사적 영웅'은 당면한 역사적 과제가 무엇인지를 알고 있기 때문에 개개인의 행위와 세계정신 사이의 매개자 역할을 한다. 이렇게 볼 때 특정한 역사적 현실은 바로 그 순간을 지배하는 필연 자체이며, 합리적인 세계사적 이성에 합치된다고 할 수 있다. 이러한 의미에서 헤겔은 "이성적인 것은 현실적인 것이요, 현실적인 것은 이성적인 것이다"라고 말했다.

애덤 스미스와 헤겔이 전제하는 인간관, 즉 개별화되고 원자화된 추상적 인간관에 따르면, 각 개인들의 사회적 관계와 그에 따른 삶의 배후에는 결국 '보이지 않는 손'이나 '절대정신'이 도사리고 있다. 보이지 않는 손이나 절대정신은 각 개인들을 그의 삶의 주체로서 살아가게 하는 것이 아니라 자신의 꼭두각시로 만든다. 이러한 비주체성은 결국 다른 자연적인 존재와 구별되는 인간 존재의 정체성 확립과 주체성 확보를 위해, 인간 밖의 절대적인 객관적 존재를 요청한다. 그 존재가 바로 보이지 않는 손 또는 절대정신이다. 이렇게 각 개인은 주체가 될 수 있는데(프랑스 현대 철학자인 루이 알튀세는 이러한 주체를 '호명된 주체' '주체의 호명'이라고 비판했다), 이 주체는 본래 비주체이기 때문에 비주체를 초월해 있는 '유토피아적인 것'이 된다. 그리하여 애덤 스미스의 인간관과 주체관은 유토피아적이며, 따라서 그의 『국부론』 역시 유토피아적인 경제관(보이지 않는 손에 의한 부의 증대와 노동가치에 따른 평등한 교환, 그리고 이러한 교환에 따른 각 개인의 욕구 충족)을 전제한다. 그런데 이런 유토피아는 자본주의 경제 현실의 바깥에 있는 것으로서 결코 현실화될 수 없는 것이다.

마르크스의 인간관에 따르면 인간은 개별화되고 원자화된 추상적 개인이 아니라, 구체적이고 현실적인 '유적 존재로서의 인간'이다. 유적 존재로서의 인간은 추상적인 것으로서의 '본질'인 '유(Gattung)', 즉 이미 무엇인가에 의해서 인간을 포함한 세계와 관계를 맺도록 정해진 것이 아니라 '스스로' 끊임없이 세계와 관계를 맺고자 함으로써 자기 자신을 새로운 '인간'으

독일의 철학자이자 유물론자이며 공산주의 혁명가인 카를 마르크스.

로 생산(실천)해내는 존재이다. 이 새로운 자기 자신의 생산은 '부르주아 사회 체계 안'에서의 추상화되고 원자화된 자신을 만드는 인간 관계로부터 인간의 유적 보편성을 실현할 수 있는 인간 관계로 만들어가는 것이다.

마르크스의 유물론은 '타자의 타자성(어떤 개인이 자신과 관계를 맺는 다른 개인을 결코 강제로 굴복시키거나 종속시키지 못하게 하는 다른 개인의 고유한 특성을 뜻하는 것으로서, 이로부터 타자의 자유가 성립된다)', 그리고 이를 기반으로 하는 '사회성(타자의 타자성을 가진 각

카를 마르크스

카를 마르크스(Karl Marx, 1818~1883)는 독일의 철학자, 경제학자, 역사학자, 사회학자, 정치이론가, 언론인, 공산주의 혁명가다. 마르크스는 프롤레타리아트의 역사적 사명을 인식하고 자신의 철학을 노동자계급의 과학으로 발전시켰으며, 이새로운 관점에 의해 노동의 철학적 의의를 파악하고 유물론적으로 파악된 실천개념에 이르렀다. 이는 프롤레타리아트의 변혁적 실천 개념을『독일 이데올로기』에서 노동 개념에 기초하려는 노력에서 잘 드러나 있다. 이러한 노력을 통해 마르크스가 지향하고자 했던 목적은 마르크스의 묘비에도 새겨진「포이어바흐 테제」제11명제 '진정 중요한 것은 세계를 변혁하는 것이다. 만국의 노동자여! 단결하라'는 것이다. 실제로 마르크스는 세계를 직접 변혁시키고자 노력하는 데 평생을바쳤다.

기 자유로운 개인들이 서로 연대하는 관계의 특성)'을 내포하고 있다. 마르크스는『자본론』에서 인간 개개인이 본래 로빈슨 크루소와 같은 순수한 개별적 존재가 아니라고 잘라 말한다. 만일 이렇게 가정한다면 필히 포이어바흐(Ludwig Andreas von Feuerbach, 1804~1872)의 '유(Gattung)'와 같은 추상적인 본질을 가정하거나 사회계약론의 '동의'에 의거한 공리주의로 빠질 수밖에 없으며, 이는 곧 절대 권력으로서의 국가나 자본에 굴복하거나 종속될 수밖에 없다는 '동일성' 논리로 귀착되기 때문이다. 구태의연한 유물론의 입지점은 시민 사회(자신의 생존이나 이익을 우선하는 개인 또는 그 개인의 가족들이 서로 갈등하고 투쟁하는 상태에 있는 집단 형태)이며, 새로운 유물론의 입지점은 인간적 사회 혹은 사회

독일의 유물론 철학자이자 『기독교의 본질』의 저자 루트비히 포이어바흐.

적 인류(die gesellschaftliche Menschheit)이다."[4] 동일성의 귀결점은 '나'이다. 이 '나'는 이기주의, 가족 이기주의(가족 이데올로기), 집단 이기주의, 민족주의, 전체주의 등으로 나타난다. 이 속에서 사회는 존재할 수 없다. 사회는 '나'와 '타자'가 서로 동일화될 수 없는 타자성을 지닌 '자유로운 타자'들의 관계이다. 그래서 마르크스는 이러한 사회를 지향하는 것이 인간의 유적 본성을

---

4 카를 마르크스, 『독일 이데올로기』, 김대웅 옮김, 두레, 1989, 40쪽.

루트비히 안드레아스 폰 포이어바흐

루트비히 안드레아스 폰 포이어바흐(Ludwig Andreas von Feuerbach, 1804~1872)는 독일의 철학자이자 인류학자이다. 그의 주요 저작은 『기독교의 본질(*Das Wesen des Christentums*)』(1841)이다. 포이어바흐는 감각적 유물론의 입장에서 사변을 감성으로, 사고를 존재로 환원시켜 헤겔 철학 체계를 거꾸로 뒤집고자 했다. 그리고 종교 비판을 통해 신을 인간으로, 신학을 인간학으로 전환한다. 그의 사상은 헤겔과는 달리 구체적인 감각적 현실(자연과 인간)에서 출발한다. 그리고 그에 따르면 사고나 사변은 이러한 현실에 발을 딛고 서 있을 때에만 현실적일 수 있다고 본다. 감각적 현실과 무관한 사고는 한낱 추상에 불과하다. 따라서 포이어바흐에게서 변증법은 사변이 자기 자신과 주고받는 독백이 아니라, 사변이 경험적인 것과 주고받는 대화이다. 그에게서 자연은 실재적이고 감각적인 존재로서 주관에 의존하지 않고, 오히려 주관에 영향을 미치는 것이다. 이처럼 자연은 주관으로부터 독립해 있는 감각적인 존재 전체인 것이다. 이러한 자연은 이성의 빛이며, 이성의 척도이다. 그러므로 자연적으로 참된 것은 논리적으로 참일 수 있다. 자연에서 그 근거를 갖고 있지 않은 것은 근거가 없는 것이다. 포이어바흐는 인간을 해명할 때 세계의 물질적 통일성에 기초한 유물론적 입장에 서 있기 때문에, 인간에게 특별한 지위를 부여하는 신학적·철학적 이론에 반대한다. 그는 인간을 추상적인 자기의식으로 이해하지 않는다. 인간의 근거는 자연이다. 즉, 인간이 전제하는 본질은 자연이다. 그리고 인간은 감각과 욕구를 지닌 감성적 인간이다.

실현하는 과정이며, 따라서 자신의 유물론을 사회주의 또는 공산주의를 지향하는 '비판적 무기'라고 했다.

그러므로 마르크스의 유물론에 기반하는 사회주의 또는 공산주의는 헤겔의 절대정신이 자신을 실현하는 최종적인 목표(게르만 민족이 지배하는 보편적인 세계국가) 또는 현실이 형성해야 할 동일성의 이념이 아니다. 왜냐하면 사회주의 또는 공산주의는 타자의 타자성에 기반하는 '각기 자유로운 개인들이 연대하는 사회'이며, "우리가 성취해야 할 어떤 상태, 그것을 향해 현실이 형성되어야 하는 어떤 이념도 아니"고, "현상의 상태를 지양할 현실적 운동"[5]으로서 인간의 유적 본성의 실현, 즉 자기 자신의 새로운 생산이라는 "완전한 자발성"[6]에 기초하고 있기 때문이다. 이런 점에서 마르크스는 자신이 마르크스주의자가 아니라고 했다.

---

5 카를 마르크스, 같은 책, 78쪽.

6 임마누엘 칸트, 백종현 옮김, 『순수이성 비판 2』(아카넷, 2008), 735쪽.

2장

『국부론』 읽기

철학의 출발점:
나에 대한 의심과 나에 대한 의식의 확립

우리는 앞에서 철학이 우리가 살고 있는 세계에서 일어나는 사건 또는 현상들이 왜 어떻게 일어나고 있는지에 대해 '생각하는' 것이며, 이러한 생각이 나 자신의 삶과 무관한 것이 아니라 아주 밀접한 연관을 가지는 것임을 살펴보았다. 즉 이러한 사건이나 현상이 나와 어떤 관계에 있는지, 즉 이 세계에서 나의 위치는 어디인지 파악해야만, 나의 삶을 주체적이고 자유롭게 꾸려갈 수 있다는 것이다.

그러므로 철학은 '주체적이고 자유로운 삶을 위한 현실적이고 구체적인 실천 활동(생각하기, Philosophing)'이라고 할 수 있다. 그런데 이 철학, 즉 '생각하기'는 어디서부터 시작되는 것일까? 사람들은 일반적으로 철학으로서의 생각하기를 한편으로는 대단히 어렵고 추상적인 것, 다른 한편으로는 현실적으로 아무런 유용성이 없는 것이라고 생각한다. 왜냐하면 이 생각하기의 출발점을 뭔가 심오하고 밑도 끝도 없는 무엇이라고 생각하고, 아무것도 보이지 않고 쥐어지지 않는 오리무중을 헤매다 지쳐버리기 때문이다. 그런데 이는 지독한 편견이다. '철학은 시대의 아들 또는 시대의 반영'이라는 말이 있다. 이 말은 철학이 당대의 구체적인 현실을 반영한다는 것을 뜻한다. 이런 점에서 철학으로서 생각하기의 출발점은 구체적인 현실 속에서의 나의 삶이다. 더 정확히 말하자면 구체적이고 현실적인 나의 삶이 뭔가 문제가 있다는 '문제의식'이다. 그리고 이 문제의식이 자기에 대한 의식(자기의식)의 출발점이 된다.

나의 삶에 대한 문제의식은 매우 심오하거나 거창하거나 추상적인 것이 아니다. 지극히 구체적이고 현실적이어서 아주 사소하거나 순수하게 개인적인 것으로 여겨지기도 한다. 그런데 이를 순수하게 개인적인 것으로 여기면, 문제의식은 곧바로 종잡을 수 없는 오리무중에 빠지게 될 위험이 크다. 예를 하나 들어보자. 나는 요즘 살이 쪄서 고민이다. 살을 빼려고 노력해봐도 살이 잘 안 빠진다. 유명한 다이어트 상품을 통해 살이 빠진 적도 있었지만, 곧바로 요요 현상 때문에 다시 살이 쪘다. 도대체 왜 이러는 것일까? 나의 의지력과 결단력이 부족한 것일까? 의지력과 결단력을 강하게 가지려면 어떻게 해야 하는 것일까? 여기까지 생각이 미쳤다면, 이 물음에 대한 답은 미궁에 빠진다. 왜냐하면 이 문제를 순전히 개인적인 것으로 볼 때에는, 나의 의지력과 결단력을 약하게 만드는 것이 무엇인지 모르기 때문이다. 즉 이것을 조종하는 것이 내 마음 깊은 곳에 나도 모르게 자리잡고 있는 것 같은데, 도대체 무엇인지 규정할 수 없는 것이다. 이 상태가 되면 더 이상 생각하기 귀찮아지고 두려워진다.

그리 된 이유는 '구체적이고 현실적'이라는 것을, 내가 '바로 지금 여기서'라고 생각하고 해석하는 데서 출발하기 때문이다. 이 '바로 지금 여기서'라는 것은, 그 '이전'과 '이후'와의 관계 단절을 의미한다. 이는 곧 '바로 지금 여기서'의 '나' 또한 '이전의 나'와 '이후의 나'와 단절되어 고립되어 있음을 의미한다. 다시 말하자면 어떠한 관계도 배제된 순전히 개별적인 개인으로서 '나'를 파악한다는 것을 뜻한다. 그런데 순전히 개별적인 개인은 위에서도 우리가 살펴보았듯이, 구체적인 개인이 아니라 추상적이고 가설적인 개인이다. 이렇게 보면 우리는 구체적이고 현실적인 것을 추상적이고 가설적인 것으로 왜곡해 보고 있는 것이다. 따라서 구체적이고 현실적인 것은 관계를 배제하는 것이 아니라, 관계를 적극적으로 고려해야 한다는 것을 알 수 있다.

그러면 나는 왜 살을 빼지 못하는 것일까? 내가 먹는 것에 집착하기 때문은 아닐까? 나는 왜 먹는 것에 집착하는 것일까? 그것은 관계의 단절 때문일 것이다. 이 단절 때문에 사람들은 사랑에 집착하고 자동차에 집착하고 명품에 집착하고 인터넷 같은 가상 공간 등에 집착하는 것이 아닐까? 그런데 생각해보면, 그 관계를 잘 가지고 싶어도 그렇지 못한다. 관계를 잘 가진다는 것이 단절도 아니고 집착도 아니라면, 어떤 것일까? 서로에게 집착하지 않고 자유로우면서도 조화롭게 관계를 가지려면, 어떻게 해야만 할까? 자유롭고 조화로운 관계란 구체적으로 어떤 관계이며, 이런 관계를 맺지 못하게 하는 원인이 무엇일까? 즉 이러한 관계를 가지지 못하게 하는 지금 여기의 관계 구조는 어떤 것이며, 이 구조는 어디서부터 비롯된 것일까? 이로부터 우리는 추상적이고 주관적인 생각이 아니라 구체적이고 객관적인 생각의 출발점에 서는 것이다. 그리하여 우리의 생각은 불가지론의 오리무중에 빠지는 것이 아니라 생생하고 현실적인 답을 찾아나갈 수 있다.

서로 잘살기 위해 일을 나누어서 하기

1 일을 나누어서 하기

(1) 무엇 때문에 일을 나누어서 할까?

이 업종이 지금 운영되고 있는 방식을 보면, 작업 전체가 하나의 특수한 직업일 뿐만 아니라, 그 작업이 다수의 부문으로 분할되어 그 각 부문의 대다수가 마찬가지로 특수한 직업으로 되고 있다. 첫 번째 사람은 철사를 잡아늘이고, 두 번째 사람은 철사를 곧게 펴며, 세 번째 사람은 철사를 끊고, 네 번째 사람은 끝을 뾰족하게 하며, 다섯 번째 사람은 대가리를 붙이기 위해 끝을 문지른다. 대가리를 만드는 데도 두세 가지의 다른 조작이 필요하다. 대가리를 붙이는 것, 핀을 휘게 하는 것, 핀을 종이로 싸는 것 모두가 하나의 전문 직업들이다.[7]

분업이란 하나의 일의 과정을 여러 개로 쪼개는 것을 말한다. 옛날에는 참으로 먹고살기 어려웠다. 먹을 것을 충분히 마련하기 위해 사람들은 모여서 살았다. 한 사람이 하는 것보다는 많은 사람이 모여 일을 분담하면 먹을거리를 많이 생산할 수 있었다. 그런데 사회가 조금씩 발전하면서 먹을 것뿐만 아니라 생활에 필요한 모든 것들을 만들어 써야 했다. 사회 구성원 모두가 생활 필수품을 부족하지 않게 쓰려면 많이 만들어야 한다. 그런데 사회 구성원 개개인이 자기에게 필요한 물건들을 각자 만들면 어떻게 될까? 아마 어떠한 것도 제대로 만들지 못할 것이다. 그래서 각자가 서로 일을 분담하면 그 일의 능률도 오르고 그 일에 대한 전문 지식과 기술도 습득하며, 그럼으로써 사회 구성원 모두가 필요한 만큼의 질 좋은 물건을 생산할 것이다.

---

7 애덤 스미스, 김수행 옮김, 『국부론 상권』(비봉출판사, 2007), 8쪽. 이하 같은 책, 쪽수만 기입.

이러한 일들은 한 지역 집단을 넘어 이웃 지역, 더 나아가서는 먼 지역과의 교류를 통해서도 일어난다. 그런데 이러한 분업은 무엇 때문에 일어나는 것일까? 스미스는 다음과 같이 말한다.

> 인간은 항상 다른 동포의 도움을 필요로 하는데, 단지 그들의 선심에만 기대해서는 그 도움을 얻을 수가 없다. 그가 만약 그들 자신의 자애심(自愛心: self-love)이 자기에게 유리하게 발휘되도록 할 수 있다면, 그래서 자기가 그들에게 해주기를 요구하는 일을 그들이 자기에게 해주는 것이 그들 자신에게 이익이 된다는 것을 설득할 수 있다면, 그들의 도움을 얻으려는 그의 목적은 더 효과적으로 달성될 것이다.(18~19쪽)

스미스는 "분업이 하나의 물건을 다른 하나의 물건과 교환하려는 인간의 본성 때문에 일어난다"(19쪽)고 말한다. 그리고 "이러한 교환이 인간의 자비심에 기초해 일어나는 것이 아니라 자기 이익을 위한 인간의 이기심에 기초해 일어난다"(19쪽)고 말한다. 다시 말하면 너와 내가 서로간에 필요한 것이 있기 때문에 교환하고 거래한다는 것이다.

(2) 교환 과정에서 상품은 어떤 성격을 가질까?

그런데 교환을 위해 만들어지는 상품들은 생산자 자신이 쓰기 위해 만든 것이 아니다. 생산자 자신은 자신이 쓰고 남은 것들 모두를 다른 사람이 만든 생산물 중 자기가 필요로 하는 것과 교환한다. 이러한 교환 과정이 발전하면 생산자는 자기 자신을 위해서가 아니라 다른 사람을 위해 상품을 만들게 된다. 그러므로 이 상품들은 "일종의 공동의 자원이 되며, 각자는 이 공동의 자원으로부터 타인의 재능이 생산해낸 생산물 중 자기가 필요로 하는 부분을 마음대로 사서 가질"(21쪽) 수 있게 된다.

> 자기 자신의 노동생산물 중 자기 자신의 소비를 초과하는 잉여 부분 모두를 타인의 노동생산물 중 자기가 필요로 하는 부분과 확실히 교환할 수 있다는 사실은, 각자로 하여금 특정 직업에 종사하여 그 특정 직업에 적합한, 자기가 가지고 있는 모든 재능과 자질을 계발하고 완벽하게 만들도록 장려한다.(20쪽)

이러한 계발을 통해 더 많은 상품을 만들어내려 하는데, 이는 오로지 개인의 힘에 의해서가 아니라 사회에 의한 체계적 학습을 통해 이루어진다. 이러한 체계적인 학습이 바로 오늘날 공교육 제도의 기초가 되는 것이다. 다시 말해 오늘날의 공교육 제도는 분업 발달의 결과이다.

(3) 분업 발달의 밝은 면과 어두운 면

그런데 분업의 발달은 물건을 사고파는 "시장의 크기에 의해 제한"된다. 물건을 사고파는 "시장이" 아주 "작을 때는 어느 누구에게도 한 가지 일에만 몰두하도록 장려할 수 없다." "왜냐하면 자기가 필요로 하는 부분과 교환할 수 없"(22쪽)어서 스스로 모든 것을 만들어 사용해야 하기 때문이다.

시장이 아주 커져서 분업이 발달하려면 우선 해·수상 운송이 발달해야 한다. 왜냐하면 육지에서 이루어지는 내륙 수송으로는 시장의 발달에 한계가 있기 때문이다. 해·수상 운송을 통해 바다 건너 먼 나라와 교역을 해야만 시장이 넓어질 수 있다.

> 육운(陸運) 단독으로 가능할 때보다 수운(水運)을 통해서 각종 산업에 더 넓은 시장이 열리기 때문에, 자연히 각종 산업이 세분되기 시작하고 발전하기 시작하는 것은 해안지대와 배가 운항할 수 있는 강의 양안(兩岸) 지대이다. 그리고 흔히 오랜

세월이 지난 뒤에야 이러한 발전은 천천히 내륙지방으로 확산된다.(26쪽)

도시가 발달하고 문명이 부흥하는 지역은 주로 해안을 끼고 있다. 고대 역사에 따르면, 최초로 문명화된 민족들은 지중해 연안과 이집트에 살았다. 또한 근대 유럽에서 산업과 해상 교역이 가장 발달한 나라는 영국과 네덜란드였다. 그러므로 해·수상 운송의 발달은 산업을 발달시키고 많은 직업을 낳게 하고, 시장을 넓힘으로써 분업의 발달이 빠르게 이루어지게 한다.

분업이 거의 완전히 확립된 근대에서 해·수상 운송은 급속도로 발달한다. 이와 더불어 해군력도 급속도로 발달한다. 해군력의 발달은 시장을 넓히는 데 사용되었고, 그리하여 식민지 지배 시대가 열렸다. 이러한 식민지 지배에 가장 앞섰던 나라가 영국이었다. 오죽했으면 영국을 해가 지지 않는 나라라고 했겠는가! 영국에 뒤이어 독일, 프랑스, 스페인 등의 유럽 열강들도 식민지 개척에 열을 올렸다. 이른바 식민지 다툼을 둘러싼 서구 열강 중심의 제국주의가 생겨난다. 그리하여 식민지를 통해 시장을 서로 더 많이 넓히려는 열강들의 갈등이 세계 제1, 2차 대전으로 나타났다. 이러한 것이 분업 발달의 어두운 측면이다.

(1) 화폐의 기원과 역할

우리가 얼핏 보기에 일상생활에서 물건 값은 화폐 가격으로 매겨진다. 100원, 1,000원, 10,000원 등으로 말이다. 그런데 이러한 가격 단위들은 어떻게 생겨났을까? 이 물음에 답하기 위해 화폐가 도대체 어떻게 생겨나서 어떻게 사용되었는지 살펴봐야겠다.

처음에 사람들은 물물 교환을 했다. 그러다가 점차 필요한 물건들이 많아지면서 더 많은 교환을 필요로 했다. 그러기 위해 더 많은 물건을 만들어 시장에 가서 물물 교환을 했다. 예를 들어 농사를 짓는 사람이 자신이 필요로 하는 물건들과 교환하려면 엄청나게 많은 쌀을 지게에 지고 시장에 가야 했다. 그러면 많이 불편했을 것이다. 또한 그 쌀을 보관하기도 만만치 않았다. 그런데다 시장에 나갔는데 다른 사람들이 쌀을 필요로 하지 않는다면 농부가 자신이 필요로 하는 물건을 구입할 수 없게 된다. 그래서 사람들은 다른 모든 물건과도 바꿀 수 있는 금속과 같은 화폐를 필요로 하게 되었다.

그러나 모든 나라에서 사람들은 마침내 거부할 수 없는 이유로 각종 상품들 중에서 금속을 이 목적에 사용하기로 결정한 것 같다. 금속은 다른 어떤 상품보다도 보존하는 데 손실을 가장 적게 입고, 다른 어떤 상품보다도 내구성이 강하며, 또한 아무런 손실 없이 많은 부분들로 분할될 수 있으며, 다시 녹여서 쉽게 한 덩어리로 만들 수 있다. 이 성질은 다른 어떤 내구상품도 가지지 못하는 것이며, 다른 어떤 성질보다도 이 성질이 금속으로 하여금 상업과 유통의 매개수단에 적합하도록 했다.(30쪽)

옛날에는 사람들이 돈처럼 사용할 수 있는 물건으로 가축, 소금, 쌀, 조개, 설탕 등을 이용했다. 그런데 이 물건들은 오래 보관할 수도, 쉽게 쪼갤 수도 없었다. 녹아 없어지거나, 썩거나, 쪼개면 아무짝에도 쓸모없는 것이 되어버렸다. 그래서 오래 보관할 수 있고 쉽게 쪼갤 수도 있는 금, 은, 구리 같은 금속을 화폐로 사용했다. 이러한 금속들은 작은 부피나 무게로도 높은 가치를 지니며, 보관도 쉽고, 또 가치의 손실 없이도 1원에서부터 10원, 1,000원 등으로 쪼개기도 쉬웠다. 그다음에 금화, 은화 같은 동전을 만들어 사용하다가 오늘날 같은 지폐가 생겨났다. 그리고 이 화폐를 통해 모든 물건들을 사고팔 수 있게 된다.

닭을 대가로 물물교환을 요구하는 남자. 19세기 그림.

(2) 물건 값을 매기는 척도는 인간 노동

이렇게 화폐도 이전에는 하나의 상품에 지나지 않았다는 점이 밝혀졌다. 그렇다면 상품의 진정한 가격은 어디에 기초를 두어야 할까? 다시 말해 무엇을 기준으로 상품들이 서로 교환되는 것일까?

그 상품을 소유하고 있지만 그것을 자신이 사용하거나 소비하려 하지 않고 다른 상품과 교환하려고 하는 사람에게는, 그 상품이 그로 하여금 구매하거나 지배할 수 있게 해주는 노동의 양(量)과 같다. 따라서 노동은 모든 상품의 교환가치를 측정하는 진실한 척도(尺度)이다.(37쪽)

애덤 스미스는 이러한 기준을 '인간의 노동'으로 보고 있다. 즉 상품을 만드는 데 얼마만큼의 노동량 또는 노동시간이 들어갔는가가 교환의 척도가 된다. 그는 이러한 인간의 "노동량 또는 노동시간을 상품의 진정한 가격"이라고 한다. 그리고 상품의 진정한 가격을 100원, 1,000원 등으로 나타내는 화폐를 "상품의 명목가격"이라고 한다.

다른 한편, 애덤 스미스는 다음과 같이 말한다.

일반적인 의미에서 노동 역시 상품과 마찬가지로 진실가격과 명목가격을 가진다고 말할 수 있을 것이다. 노동의 진실가격은 노동을 얻기 위해 주어지는 생활필수품과 편의품의 수량이고, 노동의 명목가격은 노동을 얻기 위해 주어지는 화폐의 수량이라고 말할 수도 있다. 노동자가 부유한가 가난한가, 그리고 보수가 좋은가 나쁜가는 그의 노동의 진실가격에 비례하는 것이지 명목가격에 비례하는 것은 아니다.(42쪽)

그런데 여기서 주목해야 하는 것은 다음과 같은 사실이다. 즉 전 국민의 대부분을 차지하고 있는 "노동자가 부유한가 가난한가, 그리고 보수가 좋은가 나쁜가는 그의 노동의 진실가격에 비례하는 것이지 명목가격에 비례하는 것은 아니"(42쪽)라는 것이다. 예를 들어보자. 사람들은 사람으로서의 품위를 지키며, 나름대로 인간다운 생활을 하기 위한 돈이 필요할 것이다. 그 돈이 작년에 5만 원이었고, 작년에는 5만 원으로 나름대로 인간다운 생활을 할 수 있었다고 해보자. 그런데 올해는 그 돈이 6만 원으로 올랐다고 해도, 전반적으로 물가가 올라서 작년처럼 넉넉하지 못하고 부족하게 생활한다고 해보자. 그러면 여러분들은 용돈이 5만 원에서 6만 원으로 올랐다고 해도 작년보다 올해가 더 가난해졌다고 할 수 있다. 아마 사람들 대부분이 이렇게 느낄 것이다.

(3) 물건 값은 어떤 방식으로 구성될까?

앞에서 상품 가격의 원천, 즉 교환의 기준은 노동량 또는 노동시간이라고 했다. 그런데 자본주의 사회에서 대부분의 사람들은 시장에 대량으로 내다파는 상품을 만들 수 있는 자본을 가지고 있지 못하다. 그래서 자신의 노동을 자본가에게 파는 노동자가 된다. 즉 먹고살기 위해 자본가 또는 자본 소유자에게 일자리를 얻어야 살아갈 수 있다. 그래서 애덤 스미스는 노동자가 만들어낸 상품이 노동자에게만 속하는 소유물이 아니라 자본가에게도 속하는 소유물이 된다고 말한다. 또한 상품을 만드는 데에는 노동자의 노동량, 즉 노동자가 일한 대가로 받는 돈인 노동 임금뿐만 아니라 원료와 기계와 같은 생산수단을 살 수 있는 자본을 가지고 있는 자본가의 이윤도 들어가야 한다고 말한다. 그리하여 상품의 가격 구성은 다음과 같다. '상품 가격 = 원료 가격 + 노동자의 임금 + 자본의 이윤.' 이것이 바로 상품 가격에 대한 애덤 스미스의 주장이다.

> 자본의 이윤은 특수한 종류의 노동, 즉 임금만을 뜻하는 것은 아니다. 지휘·감독하는 노동에 대한 임금에 불과하다고 생각할지도 모른다. 그러나 이윤은 임금과는 전혀 다르고, 완전히 상이한 원리에 의해 지배되며, 이 지휘·감독하는 노동의 양(量)·강도·창의성과는 아무런 비례관계도 없다. 이윤은 전적으로 투자한 자본의 가치에 의해 지배되며, 그 크기는 투자한 자본의 크기에 비례한다.(62쪽)

그런데 애덤 스미스는 상품 가격을 구성하는 노동자의 임금과 자본의 이윤은 전혀 다른 원리로 이루어진다고 본다. 그가 보기에 노동자의 임금은 상품 교환의 원리에 따라 이루어진다. 그러나 자본의 이윤은 상품 교환의 원리에 따라 이루어지지 않는 것처럼 보인다. 왜냐하면 상품 교환의 원리는 동등한 가격의 원리, 즉 등가의 원리에 따라 이루어지는 것인데, 이 원리에 따르자면 이윤은 절대로 발생할 수 없기 때문이다. 이윤이 난다는 것은 어느 한쪽이 손해를 본다는 것인데, 이는 동등한 가격의 원리에 어긋나는 것이다. 바보가 아닌 이상 어느 누구도 손해를 보면서 자신의 상품을 다른 사람의 상품과 교환하지 않을 것이다.

(4) 자본의 이윤은 어디에서 나오는 것일까

그러면 자본의 이윤은 도대체 구체적으로 어떤 원리에 따라 이루어지는 것일까? 애덤 스미스는 이에 대해 별 말을 하지 않고 있다. 다만 자본의 이윤은 투자된 자본의 크기에 따라 비례된다고만 말하고 있다. 다시 말해 노동(임금)에 의해 나타나는 것이 아니라 자본에 의해서만 나타나는 것이라고 말하고 있다. 그런데 과연 이윤은 자본에 의해서만 나타날까? 여기서 그가 말하는 자본은 회사의 사장이나 재벌의 회장 같은 자본가들이 돈을 들여 사놓는 원료, 기계, 땅 등을 말한다. 그런데 원료, 기계, 땅 등은 가만히 내버려두어도 무엇을 생산해 이윤을 만들 수 있는 것일까?

이에 대한 답은 절대로 그렇지 않다이다. 자본가가 먼저 사두었던 원료, 기계, 땅 등을 그대로 판다면 같은 값을 받거나 아니면 밑지고 팔 것이다. 이러한 원료, 기계, 땅 등을 생산수단으로 이용해 새로운 가치 또는 이윤을 지닌 상품으로 만드는 것은 궁극적으로 실제로 일하는 사람들, 즉 노동자의 수고로운 노동이다. 그런데 여기서 또 하나 짚고 넘어가야 할 것이 있다. 만일 노동자가 일한 만큼의 대가, 즉 일해서 만들어낸 상품만큼의 돈을 만든다면 어떤 이윤도 만들어지지 못할 것이다.

예를 들어 노동자가 자본가와 다음과 같이 계약을 맺는다고 해보자. 하루 8시간 10원짜리 벽돌을 20개 만들면 하루 일당으로 100원의 임금을 주기로 말이다. 그러면 하루에 만들어낸 벽돌의 가치 또는 가격은 200원이다. 그리고 임금으로 들어간 가치(가격)는 100원이다. 여기서 이윤은 100원이다(200원-100원). 물론 이렇게 말할 수도 있다. 즉 그렇게 불평등한 계약을 맺는 바보가 어디 있냐고. 그런데 이러한 불평등한 계약을 맺은 데에는 어쩔 수 없는 이유가 있다. 하나는 자본을 가지고 있지 못한 대부분의 사람들이 이러한 계약을 맺지 않으면 살아갈 수 없다는 것이다. 다른 하나는 이렇게 하지 않으면 오늘날 우리가 살아가고 있는 자본주의 사회의 경제가 절대로 이루어질

긴 테이블의 재봉틀에서 일하는 노동자와 미국인 자본가. 19세기 그림.

수 없다는 것이다. 결론적으로 말하자면 자본의 이윤이라는 것은 원료, 기계, 땅 등 자본 자체로부터 만들어지는 것이 아니라 일하는 사람, 즉 노동자들의 노동에 의해 만들어진다.

자본이 보다 많은 이윤을 내기 위해서는 최대한 일하는 사람들을 줄이면서, 즉 노동자의 임금을 최소한으로 줄이면서 최대한 많은 물건을 만들어내야 한다. 이러한 것을 바로 '경제성, 효율성'이라고 부른다. 그런데 이러한 이윤이 실제로 나타나기 위해서는 이렇게 만들어진 물건들을 다 팔아야 한다. 그러려면 시장에서 다른 물건보다 더 싸게 팔아야 할 것이다.

(5) 우리가 시장에서 사는 물건 값은 어떻게 정해지는 걸까?

이렇게 시장에서 팔리는 가격을 애덤 스미스는 "상품의 시장가격"이라고 한다. 애덤 스미스는 상품의 가격을 "상품의 자연가격"과 "상품의 시장가격", 두 가지로 나누어 얘기한다. 상품의 자연가격은 자본가가 원료, 기계, 땅 등에 투자한 돈과 노동자의 임금으로 나간 돈, 그리고 자본의 이윤을 합친 금액이다. 옷을 만드는 공장을 예로 들어보자. 원료, 기계, 땅 등에 들어간 돈이 모두 200원, 노동자에게 나간 돈 100원, 그리고 이윤 100원을 합치면 모두 400원이라고 해보자. 그런데 옷을 모두 20벌 만들었다면 옷 20벌의 자연가격은 400원이고, 옷 1벌의 자연가격은 20원이 된다. 이 20원이 옷 1벌이라는 상품의 자연가격이 된다.

> 어느 특정 상품의 시장가격은 실제로 시장에 출하되는 상품의 양과, 그 상품의 자연가격을 지불할 뜻이 있는 사람들, 즉 그 상품을 시장으로 가져오는 데 지불되어야 하는 지대·임금·이윤의 총가치를 지불할 의사가 있는 사람들의 수요의 비율에 의해 조절된다. 이러한 사람들을 유효수요자(effectual

demander)라 부르고, 그들의 수요를 유효수요(effectual demand)라 부를 수 있다. 왜냐하면, 그들의 수요는 충분히 그 상품을 시장으로 가져오게 할 수 있기 때문이다.(73쪽)

그런데 상품은 시장에서 상품의 자연가격 그대로 팔릴 수도 있지만 대체로 "상품의 자연가격보다 높거나 낮은 가격"으로 팔린다. 우리가 흔히 시장에서 상품을 사는 가격, 다시 말해 상품의 자연가격보다 대체로 높거나 낮은 가격을 상품의 시장가격이라고 한다. 그런데 왜 상품은 자연가격보다 높거나 낮은 시장가격으로 팔릴까? 애덤 스미스는 이 이유를 자연가격으로 상품을 사려는 사람들의 수, 즉 "유효수요자의 비율에 의한" 것이라고 한다. 이러한 그의 지적은 아주 올바른 것이라 할 수 있다. 예를 들어 사람들이 20벌보다 많은 옷을 필요로 하면 20원(상품의 자연가격)보다 높은 시장가격으로 팔릴 것이고, 20벌보다 적은 옷을 필요로 하면 20원보다 낮게 팔릴 것이다. 그리고 사람들이 딱 20벌만 필요하다면 딱 20원에 팔릴 것이다. 그런데 이것은 옷 만드는 회사가 하나일 경우에 해당되는 이야기이다.

그러나 옷을 만드는 회사는 하나가 아니다. 여러 개의 회사가 있다는 것이 문제이다. 이 여러 개의 회사는 그 숫자가 한정되어 있는 옷의 유효수효자에게 옷을 팔고자 하는데, 여기에서 옷을 만드는 회사들 간의 경쟁이 일어난다. 이 경쟁에서 이기기 위해서는 옷 한 벌의 시장가격을 낮추어야 한다. 그렇다면 이 시장가격을 어떻게 낮추어야 할까? 그러려면 같은 시간 안에 다른 회사보다 더 많은 옷을 만들어내야 한다. 그래서 우리가 사는 현대 사회의 특징을 대량생산으로 보는 것이다. 예를 들어보자. 같은 품질의 옷을 만드는 두 회사가 있는데, 위에서 예로 든 것처럼 옷의 총 자연가격이 400원이라고 해보자. 그리고 A사는 옷을 20벌 만들었고, B사는 옷을 40벌 만들었다고 해보자. 그러면 A사의 옷 1벌의 자연가격은 20원(400÷20＝20)이고 B사의 옷 1벌의 자연가격은 10원(400÷40＝10)이 된다. 그러면 대략 옷의 시장가격은 20원과 10원의 평균가격인 15원이 된다. 그렇게 해서 여러분은 옷 1벌을 시장에서 15원의 시장가격으로 사는 것이다. 여기서 A사는 5원의 손해를 보고, B사는 5원의 이윤을 더 본다. 이런 식의 경쟁이 몇 번 더 반복되면 A사는 망하고, 나중에는 B사와 합쳐질 것이다. 기아자동차와 현대자동차가, 삼성자동차가 프랑스의 르노자동차와, 그리고 대우자동차가 미국의 GM자동차와 합쳐지듯 말이다.

결국 경쟁에서 이기기 위해서는 상품의 자연가격을 최대한 낮추어야 한다. 월급은 그대로 두고, 상품을 많이 만들기 위해 일을 엄청 시키든가, 아니면 다섯 명이 하던 일을 두 명이 하도록 만드는 것이다. 또는 인원을 줄이지 않는 대신에 월급을 줄이는 경우도 있다. 그래서 대부분의 노동자가 살기 힘들어 하는 것이다.

(6) 노동의 임금

애덤 스미스는 노동자의 임금이 본래는 노동생산물의 전체로서 모두 노동자에게 속한다고 말한다. "토지의 사적 점유와 자본의 축적이 있기 이전의 원시사회 상태에서는 노동생산물 전체가 노동자에게 속했다. 그에게는 그것을 함께 나누어 가져야 할 토지 소유자나 고용주가 없었다."(84쪽) "그러나 노동자가 자기의 노동생산물 전체를 향유하던 이 원시상태는 일단 토지의 사유와 자본의 축적이 발생하자마자 더 이상 존속할 수 없었다."(85쪽) 그에 따르면, 토지와 자본이 사적 소유가 되자마자 노동자의 임금 전체인 노동생산물 전체로부터 지대와 이윤이 공제된다. 왜냐하면 고용주인 차지 농업가나 자본가가 "노동자의 노동생산물의 분배에 참가할 수 없다면, 또는 그의 자본이 이윤과 함께 회수되지 않는다면, 그는 노동자를 고용하는 데 아무런 관심도 없을 것"(86쪽)이기 때문이다. 따라서 노동생산물은 자연스럽게 지대, 이윤, 임금, 세 부분으로 분할된다는 것이다.

이런 상황에서 "보통 노동임금이 얼마인가는 이해관계가 전혀 다른 쌍방[노동자와 고용주] 사이에서 체결되는 계약에 의거한다. 노동자는 가능한 한 많이 받기를 원하며, 고용주는 가능한 한 적게 주기를 원한다. 노동자는 노동임금을 올리기 위해 단합하는 경향이 있고, 고용주는 노동임금을 낮추기 위해 단합하는 경향이 있다."(86~87쪽) 애덤 스미스는 고용주(자본가)와 노동자 사이에 화해될 수 없는 계급투쟁이 자연스러운 것이라고 말한다. 그리고 이 둘 사이의 투쟁은 거의 대부분 고용주(자본가)의 승리로 끝을 맺는다고 말한다.

애덤 스미스는 노동자의 임금이 "자기를 유지하는 데 충분"해야 할 뿐만 아니라 "자기의 가족을 부양할 수" 있도록 해야 하는데, 그러하지 못하면 "노동자의 종족은 제1세대를 넘어 존속할 수 없을 것"이라고 했다. 여기에서 그는 노동자의 임금에 오늘날의 가족 임금을 포함하고 있다. "한 가족을 부양하기 위해서 한 쌍의 부부의 노동은, 최하급의 보통 노동에서도, 그들 자신의 생존을 유지하는 데 정확히 필요한 것보다 좀더 많이 벌 수 있어야 한다." 이 주장은 당시로서는 대단히 파격적이면서도 합리적이라고 할 수 있다. 그러나 그는 "얼마나 많이 벌어야 하는가는, 위에서 말한 비율이든 기타 다른 비율이든 간에, 내가 결정할 수 있는 문제가 아니"(88~89쪽)라고 말한다.

애덤 스미스에 따르면, 노동자의 임금은 국부의 증가, 그것도 "계속적인 증가"에 따라 "인상"된다. "노동 임금의 인상을 야기하는 것은 국부의 현실적인 크기가 아니라 국부의 계속적인 증가다." 그에게 국부의 지속적인 증가로 인한 노동자의 임금 인상은 "자연적인 징조"이다.(96쪽) 이러한 그의 경제관은 오늘날의 '경제 성장 우선론'과 직결된다고 할 수 있다. 즉 경제의 전체 규모가 커져야만 노동자에게 돌아가는 분배의 몫이 커질 수 있다는 것과 딱 맞아떨어진다. 그의 생각은 대단히 낙관적인 것으로 보인다. 요즘 상황을 볼 때, 세계 시장의 부의 규모가 엄청나게 커졌음에도 불구하고, 부익부 빈익빈의 상태가 더 극단적인 형태로 나아가고 있음을 볼 때, 그의 경제관을 비판적이고도 근본적으로 고찰할 필요가 있다.

그럼에도 그는 하층 계급인 노동자의 생활이 개선되어야 사회에 대단히 유익하다고 생각한다.

하인·노동자 그리고 각종 직공들은 모든 대국(大國)의 인구의 대부분을 이루고 있다. 그러므로 그 대부분의 상태를 개선하는 것은 결코 전체에 불리한 것이라고 간주될 수 없다. 어느 사회라도 그 구성원의 대부분이 가난하고 비참하다면 번영하는 행복한 사회일 수 없다. 뿐만 아니라, 국민 전체의 의식주를 공급하는 노동자들이 자기 자신의 노동생산물 중 자기 자신의 몫으로 그런 대로 잘 먹고, 잘 입고, 좋은 집에서 살 수 있어야 또한 공평하다고 할 수 있다.(102쪽)

이러한 애덤 스미스의 분배 정의관은 벤담의 공리주의와 밀접한 관계에 있다. 그런데 벤담의 '최대 다수의 최대 행복'이라는 공리주의는 자본주의의 본성인 '적대적인 무한 경쟁'을 통해 결국 '최대 소수의 최대 행복'으로 귀결된다. 그리하여 그의 이러한 희망은 그냥 희망사항에 그칠 뿐이다.

다른 한편, 이러한 애덤 스미스의 생각은 '경제 결정론'이라 할 수 있다. 경제 상태가 좋은가 또는 나쁜가에 따라서 국민의 대다수인 '인간'으로서의 노동자들의 삶의 상태가 결정된다고 보기 때문이다. 그런데 경제 결정론적인 그의 생각은 인간으로서의 노동자를 '동물' 또는 하나의 '상품'으로 보는 시각이 밑바탕에 깔려 있다고 할 수 있다.

모든 종류의 동물은 그들의 생활물자에 비례해서 자연적으로 번식하며, 어떤 종(種)도 그것을 넘어 번식할 수는 없다. 그러나 문명사회에서는 생활물자의 부족이 인류의 증식에 한계를 설정할 수 있는 것은 하층계급의 사람들 가운데서만이며, 그렇게 하는 방법도 오로지 그들이 결혼해서 낳는 많은 아이들 대부분을 죽이는 것이다.

노동의 보수가 후하면 노동자들은 아이들을 더 잘 먹일 수 있고, 따라서 더 많은 아이를 성년이 될 때까지 양육할 수 있기 때문에, 위에서 말한 한계는 자연히 확대될 것이다. 그런데 지적해두어야 할 것은, 이것은 노동에 대한 수요의 증가에 비례해서 가능해진다는 점이다. 노동에 대한 수요가 계속 증가한다면, 노동의 보수는 필연적으로 노동자의 결혼과 출산을 자극함으로써 노동자로 하여금 계속 증가하는 노동수요를 계속 증가하는 인구에 의해 충족시키도록 장려할 것이다.(103~104쪽)

애덤 스미스가 바라보는 노동자는 경제의 수요·공급의 법칙에 따라 그 수가 결정되고 또 결정되어야 하는 상품 이상도 이하도 아니다. 그가 보기에 "자유로운" "노동자의 훼손은 고용주(자본가)의 손실"인데, "일반적으로 노예의 훼손보다 훨씬 적은 손실이다." 왜냐하면 "노예의 손모를 말하자면 보충·수리하는 데 사용하기로 예정되어 있는 기금은 일반적으로 태만한 노예주인이나 부주의한 감독자에 의해 관리되는 반면, 자유로운 고용원의 경우에는 같은 목적의 기금이 자유로운 고용원 자신에 의해 관리되기 때문이다.""따라서 모든 시대 및 국민의 경험으로부터 볼 때, 자유인에 의해 수행되는 작업이 결국 노예에 의해 수행되는 작업보다 저렴하다고 생각된다."(105쪽) 그가 보기에 노동자는 자기 스스로 관리하는 특수한 상품에 지나지 않는다. 오늘날로 보면 AI(인공지능)와 같은 기계라고 보는 것도 지나친 것은 아니다.

애덤 스미스의 이러한 결정론적인 생각 이면에는 온정주의적이고 자유주의적이며 합리적인 측면도 있다. 이러한 측면은 노동자의 과도한 노동 혹사를 중지하고 충분한 휴식이 보장되어야 한다는 생각으로 이어졌다. 이는 19세기 영국에서 공장법을 제정(1801)·수정하는 기반이 되었을 것이다.

> 이 휴식에 대한 욕구는 본성의 요구이므로, 어떤 방식으로든, 때로는 편히 쉬는 것에 의해, 때로는 유흥과 오락에 의해, 그 요구는 충족되어야 한다. 그 요구에 따르지 않으면, 그 결과는 흔히 위험하고, 때로는 치명적이며, 거의 언제나 조만간 특유한 직업병을 유발하게 된다. 고용주가 항상 이성과 인도주의 정신에 귀를 기울인다면, 그는 흔히 다수의 노동자들에게 지나치게 열심히 일을 하도록 고무하기보다는 그것을 누그러뜨려 주어야 할 필요가 있다. 적당히 일함으로써 계속 일할 수

있는 사람은 자기의 건강을 가장 오랫동안 유지할 수 있을 뿐
만 아니라, 일 년 전체로 보면 가장 많은 양의 일을 한다는 사
실이 모든 업종에서 판명되리라고 나는 믿는다.(107쪽)

　오늘날 대한민국의 과도하고 열악한 노동 환경과 빈번한
산업 재해를 애덤 스미스가 보았다면, 대한민국의 자본가(고용
주)에게 '이성과 인간성'을 갖추라고 '도덕적'으로 호소했을 것
이다. 그러나 자본주의 경제법칙을 '자연법칙'처럼 여겼던 그
의 호소가 과연 고용주에게 먹혔을지는 의문이다. 자연법칙(자
본주의 경제법칙)의 대리자(agent)인 자본가는 마르크스의 말처럼
'좋은' 또는 '나쁜' 자본가로 가치 평가할 수 없기 때문이다. 즉
자본가 역시 자본주의 법칙에 따를 수밖에 없는 존재이다. 그
렇다면 노동자에게 어떻게 '이성적이고 인간적인' 휴식이 보
장될 수 있을까? 이러한 문제에 답하기 위해 먼저 생각해보아
야 할 것은 과연 자본주의 경제법칙이 '불변적인' '자연법칙'
과 같은 것인가에 대한 것이 아닐까?
　다른 한편, 애덤 스미스는 여성(이들 대부분은 빈곤한 상태에 있
다)을 새로운 세대를 출산하는 '동물' 또는 '기계'쯤으로 보는
것 같다. 국부의 증대는 노동력의 증가로 직결되고, 노동력의
증가는 새로운 세대의 노동자의 증가와 맞물린다. 그러므로 국

공장법

공장법(Factory Acts)은 영국 의회에서 제정한 법률이며, 아동과 여성 등 사회 취약 계층의 노동 시간을 규제하는 것을 주요 내용으로 한다. 산업 혁명 시기에 노동자들은, 과도한 노동 시간과 가혹한 노동 조건에서 혹사당했다. 공장법은 노동자 인권에 대한 보호와 노동 환경에 대한 규제를 시도한 최초의 법률로써 의의를 가진다. 1802년에 기초적인 공장법이 생겼고, 본격적인 공장법은 1833년에 제정되었다고 본다. 이후 다른 국가들도 영국의 법률을 참고로 해서 유사한 법을 제정했다. 영국 내에서도 수십 년 동안 수차례 개정 과정을 거치면서 법률 내용이 세부적으로 다듬어졌다. 영국 공장법은 그 효시로 간주되는 1802년의 '도제의 건강 및 풍기에 관한 법률' 이후 1819년, 1825년, 1831년에 잇달아 제정되었지만, 그것들은 모두 '사문'화되었다. 1844년 법에서 18세 이상의 여성이 보호 대상에 추가되고, 1일 12시간의 제한과 야간노동 금지가 규정되었다. 이어서 1847년 법에 의해 연소자와 여성의 노동 시간이 1일 10시간으로 단축되었다. 이른바 '10시간 법'의 제정은 당시 노동자계급 사이에서 격렬히 불타오른 차티스트 운동과 노동 시간 단축 운동의 활성화를 배경으로 한 것이었다. 그리고 1850년 법에서 연소자와 여성의 표준 노동일이 확정되고, 1853년에 아동에 대한 표준 노동일의 적용이 실현되었다.

부를 증대하려면 여성들이 '향락욕'에 빠져서는 안 되고, '생식'에 주력해야 하는 것처럼 말하고 있다. 그리고 빈곤 상태에 있는 여성들이 향락욕보다 생식력을 강화하는 것이 아주 자연스러운 현상인 것처럼 말하고 있다.

빈곤이 결혼을 억제하는 효과가 있다는 것은 의문의 여지가 없는 사실이지만, 빈곤이 결혼을 제지시키지는 못한다. 빈곤은 심지어 출산(出産: generation)에 유리한 것처럼 보인다. 반기아상태에 있는 고원지대의 부인은 20명 이상의 아이들을 낳는 경우가 자주 있지만, 잘 먹고 아름답게 꾸미는 부인들은 가끔 아이를 하나도 낳을 수 없거나 겨우 2~3명의 아이만 낳는 것이 보통이다. 상류사회의 부인들 사이에 흔히 있는 불임은 하류사회의 부인들 사이에서는 매우 드물다. 여성들의 호사와 사치는 향락욕에 불을 지르지만 출산력은 약화시키거나 흔히 그것을 완전히 파괴시키는 것 같다.(102~103쪽)

애덤 스미스에게 국부의 증가는 노동 임금의 등귀(상승)와 자본의 이윤 증대를 동시에 가져오는 것이다. 그리고 이러한 증대는 결과적으로 "노동량의 감소"와 더 많은 "기계의 발명"으로 인한 공장의 기계화를 이끌어낸다. "노동 임금의 등귀는 상품가격 중 임금으로 분해되는 부분을 증가시킴으로써 많은 상품가격을 필연적으로 인상시키며, 그리고 인상된 만큼 그 상품들의 국내외 소비를 감축시키는 경향이 있다." 상품가격 인상과 이에 따른 국내외 소비 감소는 자본의 이윤의 감소를 동반한다. 그렇기 때문에 자본 소유자(자본가)는 자신의 이익 증대를 위해 "최대의 생산량을 생산할 수 있도록 반드시 노력하게 된다." 최대한의 생산을 위해서는 작업 공정을 최대한으로 나누어(분업화하여) 효율성을 높이고, 동시에 "노동자들에게 가장 좋은 기계를 제공하려고 한다." 이렇게 최대한의 생산량을 생산하게 되면, 노동 가격(노동 임금)이 등귀하더라도 한 개 상품의 가격은 상승하지 않음으로써 자본의 이윤이 증대될 수 있다는 것이다.(114쪽)

그런데 애덤 스미스의 생각은 오늘날 우리 경제와 삶의 모습을 보면 부분적으로 맞지만 맞지 않기도 하다. 오늘날 노동 과정의 끊임없는 기계화와 자동화, AI의 개발 등과 맞물린 생산의 증대, 경제성장률의 증가(애덤 스미스에게 경제성장률의 증가는 곧바로 국부의 증대와 일치하지 않는다. 왜냐하면 국부의 증가는 국민의 실질적인 삶의 질 향상과 직결되지만, 경제성장률 자체는 이런 향상과 일치하지 않기 때문이다)와 이에 따른 자본 이윤의 증식이 이루어진다는 점에서는 그의 생각이 맞는 것으로 보인다. 그러나 이러한 기계화가 오늘날 노동자의 상대적인 임금 감소(임금 상승률이 물가 상승률에 미치지 못하기 때문이다)와 이에 따른 삶의 질 하락이라는 점에서는 그의 생각은 맞지 않는 것으로 보인다. 왜 이런 현상이 벌어지고 있는 것일까? 자본의 이윤 증대가 어떻게 이루어지는 것이기에 그런 것일까?

자본이 자신의 몸뚱이를 불려 나가는 방법

1 자본은 무엇에 쓰는 물건인가?

오늘날 우리 사회는 가난한 사람은 계속 가난해지고 부유한 사람들은 계속 부자가 되는 사회이다. 하루 벌어 하루 먹고사는 사람들은 자신이 벌었던 돈을 가지고 근근이 살아가고 다른 수입을 가질 수 없다. 그런데 소수의 엄청나게 부유한 사람들은 먹고사는 것을 해결하고 남은 돈으로 부동산 투자, 주식 투자, 공장에 대한 투자 등을 통해 엄청난 수입을 얻는다. 애덤 스미스는 바로 이러한 수입을 가져올 수 있는 여윳돈을 자본(capital)이라고 부른다.

자본을 사용해서 수입이나 이윤을 얻는 방식에는 두 가지가 있다.

첫째, 자본은 재화를 생산·제조하는 데, 또는 재화를 구입해서 다시 판매하여 이윤을 얻는 데 사용된다. 이런 방식으로 사용되는 자본은, 사용자의 수중에 그대로 남아 있거나 또는 같은 형태를 띠고 있는 한, 수입이나 이윤을 낳지 않는다. 상인의 화물은 돈을 받고 팔리기 전에는 어떤 수입이나 이윤도 낳지 않으며, 상인의 화폐도 화물과 다시 교환되기 전에는 아무것도 낳지 않는다. 그의 자본은 끊임없이 한 형태로 그를 떠나 다른 형태로 그에게 돌아오며, 이러한 유통(circulation), 또는 계속적인 교환을 통해서만 자본은 그에게 이윤을 가져다 줄 수 있다. 그러므로 이러한 자본은 아주 적절하게도 유동자본(circulating capital)이라 부를 수 있다.

둘째, 자본은 토지의 개량에 사용되거나, 유용한 기계·생산도구의 구매에 사용되거나, 소유주를 바꾸지 않고 또는 더이상 유통하지 않고 수입이나 이윤을 가져다 주는 물건들에 사용될 수 있다. 그러므로 이러한 자본은 매우 적절하게도 고정자본(fixed capital)이라 부를 수 있다.(338쪽)

그런데 그에 따르면 이러한 자본에는 두 가지 형태가 있다.

첫째, 상인들이 가지고 있는 자본이다. 상인들의 돈은 그 자체로 아무런 수입이나 이윤을 내지 않는다. 그 돈으로 어떤 상품을 사서 그 상품을 팔아야만 수입이나 이윤을 얻는다. 예를 들어 옷을 파는 상인이 100원을 가지고 있다고 해보자. 그런데 100원 그 자체는 어떤 수입이나 이윤을 낼 수 없기 때문에 자본이 아니다. 100원으로 100원짜리 옷을 사서 150원에 다시 판다면, 이 150원이 바로 자본이 되는데, 이때 이 자본을 "유동자본(circulating capital)"이라고 한다. 그런데 150원이 150원으로 그냥 머물러 있게 되면 우리는 이 150원을 자본이라고 부르지 않는다. 상인이 끊임없이 자신의 돈으로 상품을 사고팔아서 150원을 200원으로, 200원을 300원 등으로 계속 돈을 불려나갈 때만 자본, 그것도 유동자본이라고 한다. 그러니까 유동자본이란 '돈-상품-돈'의 과정을 계속 반복해서 흘러다님으로써 이윤을 불려나가는 자본을 뜻한다. 예를 들면 눈사람을 만들 때 계속 눈덩이를 굴려나가는 것처럼 말이다.

둘째, 수공업자나 제조업자들이 가지고 있는 자본이다. 이 자본은 여기저기 흘러다니는 유동자본과는 달리 한 사람이 고정적으로 가지고 있다. 예를 들면 옷 만드는 기계와 같다. 옷 만드는 기계는 옷 만드는 사람의 작업장에 설치되어 수입이나 이윤을 만들어낸다. 이렇게 필요한 사람의 작업장에 작업 도구 또는 생산수단의 형태로 고정되어 있는 자본을 "고정자본(fixed capital)"이라 한다.

결론적으로 말해서, 애덤 스미스는 자본이 이윤을 낳을 때 돈을 가지고 있는 사람을 바꾸는가에 따라서 유동자본과 고정자본으로 구분한다. 즉 돈을 가지고 있는 사람을 끊임없이 바꾸어가는 자본은 유동자본이고, 돈을 가지고 있는 사람을 바꾸지 않고 한 사람에게만 속해 있는 자본을 고정자본이라고 한다.

2 자본과 화폐의 다른 점

(1) 수입이란 무엇일까

물론 자본이나 화폐는 '돈'으로 표현된다는 점에서는 같은 것으로 보일 수 있다. 그렇지만 애덤 스미스는 이 물음에 대해 "다르다"고 말한다. 자본과 화폐의 근본적인 차이점은 "수입"과 관련되어 있느냐 없느냐다. 다시 말해 우리가 벌어들이는 소득 또는 수입에 포함되느냐 되지 않느냐의 차이다. 자본은 수입을 구성하는 것이고, "화폐는 수입을 구성하지 않은 것"(353쪽)이라고 그는 말한다.

일정한 화폐액이 그것을 이루고 있는 금속 조각의 양을 표현할 뿐만 아니라 그 금액과 교환될 수 있는 재화를 가리킨다고 한다면, 그 금액이 표시하는 부(富) 또는 수입(收入)은 화폐 그 자체보다 오히려 화폐가 구매할 수 있는 것과 동등하다.

그러므로 만일 특정인의 한 주간의 보수가 1기니(guinea)라면, 그는 일주일 동안 그것으로 일정량의 생필품·편의품·향락품을 구매할 수 있다. 이 양이 크냐 작으냐에 따라 그의 진정한 부(富), 그의 실질적인 주간 수입도 크거나 작다. 그의 주간 수입은 확실히 1기니와 1기니로 구매할 수 있는 것을 합한 것은 아니며, 두 가지 동일한 가치 중 오직 하나와 동등하며, 그리고 더 정확하게는 전자보다는 후자, 즉 1기니보다는 1기니가 구매할 수 있는 것과 동등하다.(354쪽)

애덤 스미스는 "수입"을 화폐가 아니라 "화폐를 통한 생필품의" 구매력 또는 "가치"라고 말한다. 즉 화폐를 가지고 얼마나 많은 생필품을 사서 쓸 수 있는가이다. 예를 들어, 여러분들이 일을 해서 그 수입으로 유동자본인 100원으로 100원짜리 최신 스마트폰을 구입했다고 하자. 그러면 여러분들의 수입은 얼마나 될까? 아마 여러분들은 화폐 금액 100원 + 100원짜리 스마트폰 = 200원을 자신의 소득이라고 하지 않을 것이다.

여러분의 소득은 100원으로 교환되는 100원짜리 최신 스마트폰이다. 왜냐하면 여러분이 일한 수입으로 받은 화폐 금액 100원은 100원짜리 최신 스마트폰과 교환되자마자 여러분의 손을 떠나 최신 스마트폰을 판 사람의 손에 들어가기 때문이다. 따라서 화폐는 여러분의 수입 100원을 100원의 가격으로 표현되는 최신 스마트폰과 단순히 교환하기 위한 유통 수단일 뿐이다.

다른 한편, 만일 다음해에 여러분이 같은 일을 해서 그 수입으로 150원을 받았다고 해보자. 그런데 다음해 최신 스마트폰 값이 100원에서 200원으로 올랐다면, 그래서 여러분은 사고 싶은 스마트폰을 사지 못하고 어쩔 수 없이 150원짜리 철지난 스마트폰을 살 수밖에 없다고 해보자. 그러면 여러분의 수입은 200원짜리 최신 스마트폰이 아니라 150원짜리 철 지난 스마트폰이 되는 것이다.

(2) 선진국 진출, 무엇이 문제인가

여기서 우리는 첫 번째 예와 두 번째 예에서 재미있는 것을 발견할 수 있다. 첫 번째 예에서 여러분의 수입은 화폐 금액으로 100원이었고, 두 번째 예에서는 150원이었다. 그런데 첫 번째 예에서는 100원을 가지고 최신 스마트폰을 살 수 있었지만 두 번째 예에서는 최신 스마트폰을 살 수 없었다. 첫 번째 예의 수입과 두 번째 예의 수입을 비교해보았을 때 그렇다면 여러분의 수입은 늘어난 것일까, 아니면 줄어든 것일까?

그러면 수입이 늘어난 것인지 아니면 줄어든 것인지 한번 따져보자. 단순히 화폐 금액만을 보자면 수입은 늘어난 것이다. 수입이 100원에서 150원으로 늘어났기 때문이다. 그렇지만 속 내용을 따져보면 전혀 그렇지 않다. 만일 수입이 늘어난 것이라면 150원으로 최신 스마트폰 1.5개를 사야 한다. 그러나 150원으로는 0.75개의 최신 스마트폰밖에 살 수 없다. 즉 살 수 없다는 뜻이다. 이런 이유 때문에 실제로 여러분의 수입은 50% 늘어난 것이 아니라 25% 줄어든 것이다. 이것을 '명목임금'은 늘어났지만 '실질임금'은 줄어들었다고 말하는 것이다.

그러므로 화폐 금액만을 가지고 한 나라의 자본, 즉 부가 늘어났다고 말할 수 없다. 다시 말해 옛날보다 더 잘살고 있다고 말하기 힘들다는 것이다. 요즘 전 국민의 대부분인 노동자들이 옛날보다 살기 힘들다고 푸념처럼 말하는 것을 들었을 것이다. 옛날보다 노동자의 수입은 명목상, 즉 화폐 금액만으로 봤을 때 적어도 10배 이상 늘어났을 것이다. 그런데도 살기 힘들다는 것은 그만큼 생활에 필요한 물품들을 옛날보다 사기 힘들다는 것을 보여주는 것이다. 그러니까 명목상 1인당 국민소득이 아무리 올라도 선진국이 되기 힘든 이유가 여기에 있다.

(1) 생산적 노동과 비생산적 노동

우리는 앞에서 자본은 노동자의 노동을 통해 이윤을 만들어낸다고 했다. 그런데 모든 노동이 자본의 이윤 또는 자본의 가치를 만들어내는 것은 아니다. 그렇기 때문에 애덤 스미스는 노동을 크게 두 가지로 나눈다. 자본의 이윤을 만들어내는 노동을 "생산적 노동"이라 하고, 자본의 이윤을 만들어내지 못하는 노동을 "비생산적 노동"이라고 한다.

> 노동에는 그것이 가해지는 대상의 가치를 증가시키는 노동이 있고, 그런 효과를 갖지 않는 노동이 있다. 전자는 가치를 생산하므로 생산적 노동(productive labour)이라 할 수 있고, 후자는 비생산적 노동이라 할 수 있다. 제조공의 노동은 일반적으로 그의 작업 대상인 원료의 가치에다 자기 자신의 유지비의 가치와 고용주의 이윤의 가치를 부가한다. 반대로 하인의 노동은 아무런 가치도 부가하지 않는다.(404쪽)

먼저 생산적 노동은 제조업 노동자가 직접 만질 수 있고 볼 수 있는 구체적이고 유용한 상품을 만들어내서 자본가 또는 회사 사장에게 이윤을 남겨주는 노동이다. 예를 들면 공장에서 일하는 사람들의 노동이 생산적 노동이다. 그리고 애덤 스미스는 생산적 노동, 즉 공장에서 일하는 사람들의 노동이 한 나라의 부를 증대하는 뿌리라고 말한다. 그래서 그에게 잘사는 사회라는 의미는 공장 노동자들이 우대받고 잘사는 사회라는 것을 이끌어낼 수 있다.

다음으로 비생산적 노동은 구체적이고 유용한 상품을 만들어내지 못해서 자본가 또는 회사 사장에게 이윤을 남겨주지 못하는 노동을 말한다. 예를 들면 하인의 노동, 대통령 등과 같은 공무원의 노동, 군대의 노동, 변호사의 노동, 의사의 노동, 문학가의 노동, 음악가의 노동, 미술가의 노동, 성직자의 노동 등과 같은 서비스 계열의 노동을 말한다. 이러한 서비스 계열의 노동에 종사하는 사람들을 "비생산적 노동자"(404쪽)라고 한다.

(2) 이윤의 삼각관계

토지에 대한 지대와 자본에 대한 이윤은 어디에서나 비생산적 노동자들이 그들의 생활비를 얻는 주요 원천이다. 이 두 종류의 수입은 그 소유자들이 통상 가장 여유롭게 지출하는 부분이다. 지대와 이윤은 생산적 노동자와 비생산적 노동자를 구분하지 않고 유지하지만, 후자를 다소 편애하는 듯하다. 대영주의 지출은 대개 근면한 사람보다는 게으른 사람들을 먹여 살린다. 부유한 상인은, 그의 자본으로는 근면한 사람만을 부양하지만, 그의 지출, 즉 수입의 사용에 의해 대영주와 마찬가지로 게으른 사람들을 먹여 살린다.(408~409쪽)

애덤 스미스는 생산적 노동자와 비생산적 노동자, 그리고 전혀 일을 할 수 없거나 하지 않는 사람들 모두 똑같이 토지·노동에 의해 만들어진 1년 동안의 생산물을 통해 먹고살 수 있다고 한다. 생산적 노동자는 자신이 번 돈인 임금으로 먹고산다. 그런데 비생산적 노동자와 전혀 일을 하지 않거나 할 수 없는 사람들은 어떻게 먹고살까? 그에 따르면 자본의 이윤 또는 수입을 통해 먹고산다고 한다. 왜냐하면 노동자의 임금 중 생활에 필요한 물품을 구입하는 것 외의 나머지 부분이 매우 적은 반면에, 자본가들은 자본의 이윤 또는 수입을 얻어낼 가능성이 매우 크기 때문이다. 이런 이유로 자본가들은 노동자들이 현재 임금으로는 살 수 없다고 데모하고 파업하는 것에 대해 아주 곱지 않은 눈길을 보내고 많은 비난을 하는 것이다. 심지어 노동자들 자신까지도 그렇게 하는 경우가 아주 많다. 말하자면 요즘 유행하는 말로 파이가 커야 돌아갈 몫이 커지기 때문이라고 생각한다.

그런데 이 상황에서 한 나라가 부유하려면 어떻게 해야 할까? 애덤 스미스는 자본의 이윤 지출을 최대한 줄여야만 나라가 부유해질 수 있다고 한다. 그에 따르면 나라가 부유해진다는 것은 자본을 될 수 있는 대로 많이 모아야 하고, 또한 자본을 많이 모은다는 것은 비생산적 노동자와 실업자들을 생산적 노동자로 많이 끌어들여야 한다는 것을 뜻한다. 그렇기 때문에 "부유한 나라는 생산적 노동자가 많다"는 것이 그의 견해이다.

> 자본은 절약(parsimony)에 의해 증가하고, 낭비와 잘못된 행동에 의해 감소한다.
>
> 사람들은 수입에서 절약한 것을 자본에 추가하고, 그것을 자기 스스로 생산적 노동자를 더 많이 고용하는 데 사용하거나 다른 사람에게 이자, 즉 이윤의 일정한 몫을 받고 빌려주어 같은 방식으로 사용하게 한다. 한 개인의 자본은 오로지 그의 연간 수입·이득 중에서 그가 절약하는 것에 의해 증가될 수 있듯이, 한 사회를 구성하는 모든 개인들의 자본과 동등한 사회의 자본도 다만 동일한 방식으로 증가될 수 있다.(413쪽)

(3) 자본의 건강 유지 비결

다른 한편 애덤 스미스는 "자본의 수입" 또는 이윤이 "낭비와 사치"라는 "잘못된 행동"에 의해 많이 떨어진다고 말한다. 자본의 수입 또는 이윤의 절약은, 즉 자본을 많이 모은다는 것은 생산적 노동자가 자신의 생활을 위한 생필품의 소비와 동시에 일어난다. 예를 들어 옷 한 벌 만드는 데 임금 10원을 받는 노동자가 이윤 10원이 덧붙여진 옷 한 벌을 시장에서 20원에 산다면, 10원은 고스란히 자본의 이윤 또는 수입으로 돌아온다. 생산적 노동자가 자신의 생필품을 더 많이 소비할수록 자본의 이윤 또는 수입이 점점 더 커진다는 것이다. 이렇게 해서 더 많이 모인 자본의 수입 또는 이윤의 많은 부분을 생산적 노동에 투자할수록 그에 비례해 더 많은 자본의 이윤이 생겨날 것이다.

그런데 이러한 자본의 이윤 모두가 회사 사장 같은 자본가 또는 비생산적 노동자 개인만을 위한 사치와 낭비에 쓰인다면 자본의 수입 또는 이윤은 엄청 떨어지거나 생겨날 수가 없다. 예를 들어 옛날 왕이나 귀족들의 사치적 소비에 쓰인다면 말이다. 결론적으로 애덤 스미스의 주장에 따르면, 자본이 모아지고 그래서 나라가 부강해지려면 회사에 취직해서 일하고 있는 생산적 노동자가 값싸고 질 좋은 생필품들을 풍족하게 소비할 만큼 임금을 벌어야 한다는 것이다. 그래야 쪼들리지 않고 생활할 것이다.

그러나 이러한 애덤 스미스의 생각은 오늘날 왜곡되어 나타나고 있다. 예를 들어 자본의 수입 또는 이윤의 절약이 개인만의 사치나 낭비를 위한 소비를 줄여 자본의 이윤을 많이 만들어내기 위한 제도로 정착되지 못하고 살기 어려운 사람들을 돕기 위한 사회복지 예산을 엄청나게 줄이는 방향으로 이루어지고 있다. 또한 자본의 수입 또는 이윤을 더 많이 늘이기 위해 생산적 노동자를 우대하고 일자리를 늘려가야 함에도 불구하고 정규직을 줄이고 비정규직을 늘리고 있다. 비정규직을 늘린다는 것은 노동자의 임금을 상대적으로 줄이는 것이고, 따라서 생산적 노동자의 삶을 아주 어렵게 만든다. 이는 생산적 노동자를 우대하는 것이 아니라 무시하는 태도라고 할 수 있다. 이러한 양상은 생산적 노동자의 절대 다수가 비정규직이며, 또한 이 비정규직의 거의 대다수를 차지하고 있는 여성 노동자, 이주(외국인) 노동자, 장애인 노동자 등이 엄청난 차별과 무시를 겪는 것으로 나타나고 있다.

4 자본이 건강을 유지하는 네 가지 운동

(1) 네 가지 운동을 어떻게 할까?

앞에서 우리는 자본의 수입 또는 이윤을 늘리기 위해서는 자본을 생산적 노동에 투자해야 한다는 것을 보았다. 그런데 구체적으로 어떤 과정을 거쳐 자본이 생산적 노동에 투자되는 것일까?

> 자본은 네 가지 방법으로 사용될 수 있다. 첫째, 그 사회의 해마다의 사용·소비를 위해 요구되는 천연생산물(rude produce)을 획득하는 데 사용될 수 있다. 둘째, 그 천연생산물을 직접적인 사용·소비를 위해 가공하고 제조하는 데 사용될 수 있다. 셋째, 천연생산물 또는 제조품을 그것이 풍부한 지역으로부터 부족한 지역으로 운송하는 데 사용될 수 있다. 넷째, 위의 상품들 각각을 그것을 필요로 하는 사람들의 그때그때의 수요에 맞게 작은 묶음으로 나누는 데 사용될 수 있다.(441쪽)

애덤 스미스에 따르면 자본은 네 가지 방법으로 사용될 수 있다. 1) 완성된 제품을 만들기 위한 원료를 구하는 데 사용된다. 이 방식으로 사용되는 자본은 "토지·광산·어업의 개량·

개발을 행하는 모든 사람들의 자본"이다. 그런데 만일 이러한 "천연생산물을 어느 정도 풍부히 공급하는 데 사용되지 않는다면" 완성된 상품을 만들어내는 "어떠한 종류의 제조업이나 상업도 존재할 수 없다."(441~442쪽) 예를 들어 광산에서 철을 제대로 캐내지 못하면 철과 관련된 어떠한 제품도 만들어내지 못한다는 것이다.

2) 1)에서의 천연생산물을 완성된 제품으로 가공하고 만드는 데 사용된다. 이 방식으로 사용되는 자본은 제조업자의 자본이다. 그런데 만일 이러한 제조업에 자본이 사용되지 못한다면 그 상품에 대한 수요가 없다는 것이고, 그리하여 1)에서의 천연생산물도 획득되지 못함으로써 사회의 부는 늘어나지 않을 것이다. 예를 들어 연필을 만들지 않는다는 것은 사람들이 연필을 잘 사용하지 않는다는 것이고, 그리하여 광산에서 흑연을 캐내는 것이 많이 줄어들 것이어서, 연필로 인한 사회적 부는 늘어나지 않는다는 것이다.

3) 천연생산물 또는 완성된 제품이 많이 생산되는 지역으로부터 적게 생산되거나 생산되지 않는 지역으로 운송하는 데 사용된다. 이 "방식으로 사용되는 자본은 도매상의 자본"이다. 만일 "천연생산물·제조품을 그것이 풍부한 지역으로부터 부족한 지역으로 운송하는 데 사용되지 않는다면", 풍족한 지역

에서 "필요한 양 이상으로는 생산되지 않을 것"이다. 이러한 도매상의 자본은 "한 지역의 잉여생산물을 다른 지역의 잉여생산물과 교환하고, 그럼으로써 두 지역 주민들의 근면을 고무시키고 향유(享有)를 증가"(442쪽)할 수 있고, 그럼으로써 두 지역 모두의 부를 늘릴 수 있다. 예를 들어 경상도에서 철을 많이 생산하고 전라도에서는 자동차를 많이 생산한다고 해보자. 그러면 경상도에서는 철이 남아돌 것이고 전라도에서는 자동차가 남아돌 것이다. 그래서 경상도와 전라도가 각기 남아도는 철과 자동차를 교환하면 경상도에서는 철을 더 많이 생산하려고 할 것이고, 그리하여 일자리가 많이 늘어나고 그 지역 사람들의 생활이 좀 더 풍요로워질 수 있다는 것이다. 전라도도 마찬가지다.

4) 위의 각각의 원료와 상품들을 사람들이 필요한 만큼만 작은 양으로 포장하는 데 사용된다. 이 방식으로 사용되는 자본은 우리가 가게나 시장에서 물건을 직접 살 수 있는 소매상의 자본이다. 만일 이런 데 "자본이 (……) 사용되지 않는다면, 모든 사람은 당장 필요로 하는 것보다 많은 양을 구매해야"하고, 그럼으로써 낭비가 심해진다. 또한 낭비가 심해지면 부를 늘리는 데 많은 어려움을 겪어야 한다. 예를 들어, 양고기 한 근만 사면 되는데 그렇지 않다면 모든 사람이 "양 한 마리 전부

를 사야"(442쪽) 할 것이다. 그러면 다 먹지도 못하고 버리는 경우가 허다하다. 또한 양복을 만드는 가난한 사람이 양 한 마리 사는 데 몇 개월치의 돈을 써버린다면, 그 사람은 양고기 한 근 이외의 많은 돈을 양복 만드는 데 투자하지 못한다. 그러면 양복을 만들어서 얻을 수 있는 자본의 수입 또는 이윤을 거의 얻지 못하고, 더 나아가서는 사회의 부를 더 이상 늘리지 못한다.

(2) 네 가지 운동의 순서

그런데 이 네 가지 방법 중에 가장 많은 이윤을 만들어내는 순서를 애덤 스미스는 다음과 같이 보고 있다. 농업(1) 〉 제조업(2) 〉 도매업(3) 〉 소매업(4).

> 농업 다음으로는 제조업에 사용된 자본이 가장 많은 생산적 노동량을 가동시키며 연간생산물에 가장 큰 가치를 부가한다. 상업에 사용된 자본은 셋 중에서 가장 작은 효과를 갖는다.(449쪽)

이에 대한 증거로 애덤 스미스는 다음의 예를 든다. 즉 영국이 가지고 있던 식민지의 대부분인 아메리카 식민지가 그들의 총자본을 농업에 투자함으로써 빨리 부강해질 수 있었다는 것이다. 또한 "아메리카인들이 단합하거나 또는 어떤 종류의 폭력에 의해 유럽 제조품의 수입을 중단시키고 유사한 재화를 생산할 수 있는 그들 자신의 국민에게 독점권을 줌으로써 그들 자본의 상당한 부분을 제조업으로 돌린다면" "부강을 향한 그 나라의 전진을 촉진시키는 것이 아니라 방해할 것"(450쪽)이라는 점이다. 이러한 그의 견해를 볼 때, 그가 기본적으로 중농주의를 지지하고 있다는 암시를 받는다.

그런데 중농주의를 기본적으로 지지하는 애덤 스미스의 눈에는 유럽이 토지를 개량·경작하는 것보다는 (3), (4)에 해당하는 아시아와 아메리카의 원거리 중개 무역을 훨씬 더 중요하게 여기는 것이 이상하게 보였을 것이다. 그래서 그는 이에 대해 의문을 품고 왜 유럽이 이러한 정책을 펼칠 수밖에 없는지를 역사적 사실에 대한 분석을 통해 그 이유를 알고자 한다. 이러한 이유를 다음에서 다룰 것이다.

사물의 자연스러운 진행 과정을 어긴 유럽

1 자연스럽게 부를 늘리기 위한 도시와 시골의 관계

(1) 도시와 시골의 관계

앞에서 애덤 스미스의 견해로 볼 때 농업이 가장 많은 자본의 수입 또는 이윤을 내고, 그 다음으로는 제조업이다. 상업은 자본의 수입 또는 이윤을 가장 적게 낸다고 했다. 그런데 그는 이것이 아주 자연스러운 것이라고 말한다. 그리고 이것을 도시와 시골의 관계를 통해 알 수 있다고 한다. 그렇다면 그에게 도시와 시골의 관계는 어떻게 이루어지는 것일까?

모든 문명사회의 대상업은 도시 주민과 농촌 주민 사이에서 이루어지는 상업이다. 그것은 직접적으로, 또는 화폐를 통해, 또는 화폐를 대표하는 지폐를 매개로, 천연생산물을 제조품과 교환하는 것이다. 농촌은 도시에 생활자료와 제조업 원료를 공급한다. 도시는 농촌 주민에게 제조품의 일부를 되돌려 줌으로써 이 공급에 보답한다.(463쪽)

모든 문명사회에서 대규모 상업 활동은 도시 사람과 농촌 사람 사이에서 이루어진다고 한다. 농촌은 도시에 생활 수단과 제조 원료를 공급하고, 도시는 완성된 제품의 일부를 돌려줌으로써 농촌의 공급에 보답한다. 그런데 도시는 어떠한 물질을 새롭게 재생산할 수 없고, 단지 이 물질을 변형시킬 뿐이라고 한다. 그리고 어떠한 물질을 새롭게 재생산할 수 있는 곳은 시골인 농촌뿐이라고 한다. 우리 생활에 쓰이는 필수품들의 원료인 철이나 여러 작물들은 시골에서만 생산하고 도시의 공장은 철이나 여러 작물들을 가지고 도시 생활에 필요한 형태로 가공할 뿐이라는 것이다. 도시 자체에서는 철이나 쌀 등의 원료들을 만들어낼 수 없다고 본다. 그래서 도시는 "모든 부와 생활자료를 시골로부터 얻는다고 정당하게 말할 수 있다."(463쪽)는 것이다.

그렇기 때문에 "도시 주민이 시골 주민들에게 판매하는 완성품의 양은 필연적으로 도시 주민이 구입하는 원료와 식료품의 양을 규제한다"고 한다. 그러므로 시골인 농촌의 생산량이 늘어야만, 즉 "도시 주민의 일거리와 생활자료는 완성품에 대한 시골의 수요증가에 비례해서만 증가할" 수 있고, 그리하여 도시 사람들은 생활필수품을 풍족하게 얻을 수 있으며, 그만큼 일자리도 더 생겨나서 도시의 부를 늘린다는 것이다. 그리고 "도시의 부의 증가와 도시의 성장은 어느 사회에서나 국토·농촌의 개량·경작의 결과이며 그것에 비례한다"(466쪽)고 한다.

예를 들어, 이전에 농촌 사람들이 쌀을 10kg 생산해내고, 도시 사람 5명이 쌀과자 10봉지와 쌀막걸리 5통을 만들어 농촌 사람에게 팔았다고 해보자. 그런데 이제 농촌 사람들이 땅을 기름지게 만들고 경지 정리를 해서 쌀을 20kg 만들었다면, 도시 사람 10명은 쌀과자 20봉지와 쌀막걸리 10통을 만들게 될 것이다. 그래서 완성된 제품인 쌀과자와 쌀막걸리의 생산량은 2배가 되고 일자리도 2배가 된다. 그러므로 도시의 부의 증가와 도시의 발전은 어느 사회에서나 국토와 농촌의 개량, 그리고 경작 확대의 결과이고 또한 이 결과에 비례한다고 할 수 있다고 본다.

(2) 사물의 자연스러운 진행 과정: 보이지 않는 손의 정체

애덤 스미스는 이렇게 도시와 농촌이 상부상조하는 과정을 원료(천연생산물)로부터 완성된 제품이 만들어지는 "사물의 자연적 진행과정"(468쪽)이라고 말한다. 이러한 사물의 자연적 진행과정을 통해 도시와 농촌 사람들의 수요와 공급, 즉 필요한 정도로 사고파는 것이 적절한 조화와 일치를 이룬다.

이러한 적절한 조화와 일치는 애덤 스미스의 "보이지 않는 손"이라는 말과 맞닿아 있다. 그는 역사적으로 볼 때 인간 문명 발달의 시초는 토지를 이용해 농업을 시작한 것으로 보고 있다. 농업을 통해 한 지역의 사람들이 먹고 쓰고 남는 것들이 생겼다. 그리고 더 많이 생산하기 위해 남는 것들을 가지고 농업과 관련된 수공업을 발전시켰다. 농기구를 만든다든가, 아니면 도자기를 만든다든가 하는 식이다. 그리하여 한 집단 내에서 분업이 자연적으로 형성되었다고 볼 수 있다. 그리고 이렇게 분업화된 수공업 집단은 일의 효율성을 높이기 위해 따로 모여 살았다. 이 두 집단끼리 물물교환이 이루어졌고, 이 물물교환은 지역을 점점 더 넓혀 오늘날처럼 외국 무역으로 성장했다고 볼 수 있다. 그리하여 농업 지역에서 생산한 만큼 수공업과 같은 제조업이 제품을 생산하고, 생산한 만큼 무역 거래가 이루어졌으며, 이 과정을 통해 부가 늘어났을 것이고, 부가 늘어난 만큼 인류 문명이 발달했다는 것이다. 그래서 그는 다음과 같이 말한다.

> 사물의 자연적 진행 과정에 따르면, 모든 성장하고 있는 사회의 더 많은 자본은 우선은 농업으로 향하고, 다음으로 제조업으로, 마지막으로 외국 무역으로 향한다. 이러한 사물의 순서는 매우 자연스럽기 때문에, 영토를 가지고 있는 모든 사회에서는 어느 정도 언제나 관찰된다고 나는 믿는다.(468쪽)

이렇게 볼 때, 인간의 욕구는 농업에 투자한 만큼 생겨났고 인간의 욕구에 바탕한 인간의 이기심 역시 농업에 투자한 만큼 생겨났다고 한다. 그리고 인간의 욕구와 이기심을 실질적으로 충족시켜줄 수 있는 완성된 제품을 만드는 제조업이나 외국 무역 역시 농업에 투자한 만큼 생겨났다고 한다. 농업의 발전, 즉 토지 개량·경작 확대에 비례해서 인간의 욕구와 이기심이 생겨났다고 할 수 있다. 그렇기 때문에 인간의 욕구와 이기심은 언제나 적절하게 충족될 수 있다고 본다. 이것은 인간의 역사·문명의 발달을 가져온 자연스러운 법칙이라는 것이다. 이 자연법칙이 바로 애덤 스미스가 말한 "보이지 않는 손"이다.

그러므로 "보이지 않는 손"이란 고등학교 교과서에서 설명하고 있는 것처럼 단순한 '가격기구'도 아니고 '자유방임주의에 따라 시장의 법칙에 맡긴다'는 뜻도 아니다. 그리고 그가 말하는 "인간의 이기심"은 땅의 경작 정도에 따라 규정되는 '유한한 것'이지, 오늘날 대부분의 사람들이 알고 있는 것처럼 '무한한' 인간의 이기심이 아니다. 그가 보기에 오늘날의 '무한한 인간의 이기심'은 비뚤어지고 왜곡되어 있다. 이 점은 그가 "유럽의 모든 근대 국가들이" "사물의 자연적 진행과정"을 "완전히 뒤집어놓았다"(468쪽)고 말한 데서 미루어 짐작된다.

2 농자천하지대본을 억압한 유럽

앞에서 우리는 유럽이 사물의 자연적 진행 과정을 완전히 뒤집어놓았다고 했다. 애덤 스미스는 이에 대해 두 가지 이유를 들고 있다. 즉 로마제국 멸망 후 대토지 소유의 등장, 그리고 곡물 수출 금지법이다.

먼저 "게르만 민족과 스키타이 민족이 로마제국의 서부 지역을 침략했을 때" "소수의 대지주"가 등장했다. 이들은 자기 땅을 지키고자 했으며, 이웃한 지역으로 자기의 지배권과 권위를 넓혀가려고 했다. 이러한 땅을 지키고 넓혀가는 것은 땅의 크기에 의존한 것이었다. 그러므로 땅을 작은 크기로 여러 자식들에게 나누어주는 것은 아주 위험한 일이었다. 따라서 땅을 한 사람에게 물려주는 것이 땅을 지키고 넓히는 데 아주 필요한 일이 되었다. 그래서 큰아들에게 땅과 재산을 물려주기 위한 법인 "장자 상속법"(469~470쪽)이 생겨났다.

그리하여 땅을 개량하고 경작하는 데 거의 신경을 쓰지 못하게 되었다. 로마 시대에는 작지만 자기 땅을 경작하는 시민, 즉 자유인이 거의 대부분이어서 농업 생산량이 급속하게 늘어나 부 역시 늘었고, 그럼으로써 뛰어난 문명과 문화를 가지게 되었다. 그러나 로마제국이 멸망하면서 자유인인 시민은 사라지고 그들이 가지고 있던 땅을 모두 통합해 자기 땅으로 만든 대토지 소유자가 나타난 것이다. 대토지 소유자는 땅의 일부분에서만 농사지었는데, 이 농사는 노예들이 담당했다. 그런데 노예들은 아무리 농사를 지어도 자기 것을 가질 수 없었기 때문에, 땅을 기름지게 하거나 넓히거나 하는 것에는 아무 관심도 두지 않았다.

그러다가 근대에 들어서면서 노예들이 "자유인"으로 해방되었다. 그런데 이 자유인은 자기 땅을 가지고 농사를 짓는 것이 아니라 많은 땅을 가진 사람에게 땅을 빌려서 농사를 지을 수밖에 없었다. 왜냐하면 이들은 이전에 노예였고, 그가 농사지을 때의 "땅과 농기구, 가축, 운반 수단, 거주할 집 등과 같은 자본"(477쪽)은 대지주의 것이었기 때문이다. 또한 근대에 들어와서 자유인으로 해방되었지만 여전히 농사지을 땅과 자본은 대지주의 것이고, 그리하여 자유인은 이 지주의 땅을 빌려 농사를 지을 수밖에 없었다.

이제 이 자유인은 농사를 지어서 나온 "생산물을 대토지 소유자와 균등하게 나누게"(478쪽) 된다. 그렇지만 그 절반에 대해서도 국가와 관리들에게 내야 하는 여러 가지 세금 제도 때문에 시달리게 된다. 이 자유인은 노예와는 달리 자기 수입이 있었지만, 자기 땅을 가지고 농사짓는 사람보다 땅을 기름지게 하거나 땅을 넓히는 데 별로 관심을 갖지 않았다. 그렇게 해서 생산량을 늘릴수록 이 자유인의 수입은 상대적으로 적어지고 여러 가지 세금 제도에 많이 시달리기 때문이다.

이것이 유럽이 근대 초기에 처해 있던 상황이라고 애덤 스미스는 말한다. 그렇지만 그는 영국에는 자기 땅을 가지고 농사짓는 사람들이 많았고, 그래서 영국이 세계 최대의 강국이 되었다고 한다.

둘째, 곡물 수출 금지법 때문에 유럽이 사물의 자연적 진행 과정을 거슬렀다고 애덤 스미스는 생각했다. 곡물 수출을 금지

함으로써 국내에서 소비하는 만큼만 생산하기 때문에, 국내에서 소비할 수 있는 것 이상으로 곡물을 생산하기 위해서 땅을 기름지게 한다거나 농사지을 땅을 넓히는 작업이 제대로 이루어지지 않았다는 것이 그의 생각이었다.

3 유럽 도시 탄생의 어머니

위에서 말한 농사를 짓는 자유인들은 더 이상 농사를 지을 수 없는 상황으로 치달았다. 농사를 지어서는 먹고살기 힘들어졌다. 그리하여 이 자유인들은 도시로 흘러들어온다. 도시에서 그들은 대토지 소유자와 여러 가지 조세 제도에 의한 횡포와 억압으로부터 자유로울 수 있었다.

더 이상 농사를 짓지 않는 사람들인 자유인들은 상업과 무역을 통해 자기 수입을 얻고 부를 늘려가기 시작한다. 이렇게 해서 도시가 성장하고 발전했다. 도시의 성장·발전은 국왕이 도시의 자유민들과 손을 잡도록 만든다. 왜냐하면 예전에 국왕은 영주 귀족의 충성을 받았지만, 동시에 그들에게 위협받고 있었고, 또한 왕가의 향락과 사치를 위한 경비를 그들로부터 얻을 수가 없었기 때문이다. 이렇게 국왕과 도시의 자유민들이 손을 잡고 영주 귀족에게 대항하던 시절을 절대왕정의 시대라고 한다. 우리나라의 경우는 조선 영·정조 시대를 말한다.

절대왕정의 시대에 도시 자유민들은 국왕에게 일정 정도의 세금만 내면 도시의 행정 자치권을 보장받았고, 의회에 참여할 수 있었으며, 자신의 군대를 조직할 수도 있었다. 그리하여 도시의 자유민들은 자신의 도시를 "하나의 공국"으로 만들 수 있었다. 그래서 이 시기에 여러 도시 공국들이 생겨난다. 이러한 일은 대부분의 유럽에서 일어났지만 영국과 프랑스에서는 그렇지 않았다고 한다. 물론 영국과 프랑스에 도시가 매우 발달되어 있었지만 말이다. 다른 한편으로 시골에서는 사람들이 수탈과 폭압에 시달리고 있었다. 그래서 시골 사람들은 자신이 어떻게 하면 살아남을 수 있을 것인가에만 신경을 쓰고, 땅을 기름지게 한다든가 농사지을 땅을 늘린다든가 하는 것에는 어떠한 관심도 없었다고 한다. 더 많은 농산물을 생산했다가는 영주 귀족에게 빼앗길 것이 분명했기 때문이다.

그런데 이러한 도시들은 대체로 연안이나 해안을 끼고 있었다. "도시 주민들은 언제나 궁극적으로 자신의 생활자료와 산업의 모든 원료·수단을 시골로부터 얻어야 한다는 것은 사실이다. 그러나 해안이나 운항 가능한 강의 연안에 위치한 도시의 주민들은 그것을 반드시 인근 시골로부터 얻을 필요는

절대왕정의 상징인 루이 15세 태양왕의 동상.

없었다."(492쪽) 이 도시들은 한 나라의 생산물을 다른 나라로 사고파는 무역과 상업을 통해서 많은 이윤을 남겼고, 그럼으로써 풍족한 생활을 할 수 있었다. 대표적으로 이탈리아의 여러 도시들이 그러했다. 그러나 외국 무역에는 운송비가 너무 많이 들어서 "운송비를 아끼기 위해" 도시는 "국내에 제조업을 만들려고 노력했다." 그리하여 "대부분의 부강한 나라들은 국내에 제조업이 반드시 있었다."(493쪽)

애덤 스미스는 이렇게 먼 나라와의 무역을 통해 생겨난 국내 제조업은 일반적으로 국내 원료를 사용했을 것이라고 말한다. 이러한 국내 천연생산물의 사용은 국내의 땅을 더 기름지게 하고 농사지을 땅을 많이 늘리려는 노력을 더 많이 불러온다. 그리하여 더 많은 천연생산물을 생산하게 만들고, 보다 더 많은 완제품과 교환하게끔 만든다. 이렇게 해서 나라의 부가 늘어나고, 또한 나라가 부강해진다고 애덤 스미스는 말하고 있다. 결국 부의 증대와 도시의 발달, 즉 "제조업이 확장되고 발달하게 되는 것이 농업의 확장·개량의 결과"(490쪽)라고 그는 보고 있다. 이 점을 다음 장에서 좀 더 설명하고자 한다.

4 농촌 개량의 산파: 도시의 상업

상업·제조업 도시의 증가와 부는 그 도시들이 속해 있는 지방의 토지 개량과 경작에 세 가지 다른 방식으로 기여했다.

> 첫째, 시골의 천연생산물에 대해 크고 편리한 시장을 제공함으로써 시골의 경작과 더 이상의 개량에 자극을 주었다. (……) 둘째, 도시 주민들에 의해 획득된 부는 팔려고 내놓은 토지 구입에 사용되었는데, 그 대부분이 미경작지였다. 상

1897년의 파리 몽마르트르 대로의 풍경. 카미유 피사로의 그림.

인들은 흔히 시골의 대지주가 되기를 열망하며, 대지주가 되면 일반적으로 가장 훌륭한 개량가가 된다. (······) 셋째, 그리고 마지막으로, 상업과 제조업은 시골주민들 사이에 질서와 훌륭한 정치 그리고 개인의 자유와 안전을 점차로 도입하는데, 그들은 이전에는 인근 주민들과의 끊임없는 전쟁 상태에서, 그리고 영주들에 대한 노예적인 종속상태에서 살았다. (498~499쪽)

위에서 말했던 것처럼 도시 시민들은 도시 행정을 스스로 꾸려나갔으며, 국가의 의회에 참여해 자신들의 목소리를 냈고, 자신들을 보호할 수 있는 군대를 조직했다.

이렇듯이 유럽 대부분의 도시의 상업·제조업은 시골 땅을 기름지게 하고 농사지을 땅을 넓힘으로써 천연생산물의 생산을 늘렸으며, 그에 따라 완제품 생산을 더 늘려 나라의 부를 증대시켰다. 즉 "유럽 대부분의 지역에서 도시의 상업·제조업은 시골의 개량·경작의 결과가 아니라 그 원인이었다"(508쪽)고 한다.

그러나 애덤 스미스는 "이러한 순서는 사물의 자연적인 진행 과정에 반대되므로 필연적으로 느리고 불확실하다"고 생각한다. 그는 이것을 "부를 상업과 제조업에 크게 의존하고 있는 유럽 나라들의 느린 진보와, 부가 전적으로 농업에 의거하고 있는 북아메리카 식민지의 빠른 진보를 비교해"보면 알 수 있다고 한다. 그는 단적으로 인구 증가를 예로 들고 있다. "유럽 대부분의 지역에서 주민의 수는 500년 이내에 두 배"이고, 이에 반해 "몇몇 북아메리카 식민지에서는 20~25년에 두 배가 되는 경우"(509쪽)라는 것이다.

또한 그는 다음과 같이 말한다.

상업에 의해서만 발생하는 부의 원천은 전쟁과 통치의 일상
적인 격변에 의해 쉽게 사라질 수 있다.(513~514쪽)

상업자본은 장사가 잘 되는 곳이면 어디든 간다. 그래서 상
업자본에는 국적이 없는 외국 자본들이 많다. 이러한 외국 자
본들은 돈이 잘 벌리지 않으면 그 도시를 떠나고, 그리하여 그
도시가 속한 나라는 자기의 자본이 거의 남아 있지 못해 부가
급격하게 떨어지는 것이다. 상업자본은 땅을 기반으로 한 자본
이 아니다. 이에 반해 땅에 투자된 자본은 "쉽게 사라지지 않
는다"는 것이 애덤 스미스의 생각이다. 그러므로 부의 근원으
로 삼아야 하는 것은 바로 땅에 투자하는 자본이어야 하고, 이
로부터 제조업, 상업자본으로 나가야 한다는 것이 그의 생각이
다. 이러한 자본의 경로야말로 앞에서 얘기한 사물의 자연적
진행 과정이라는 것이 또한 그의 생각이다.

상업을 중시할 것인가, 농업을 중시할 것인가?

애덤 스미스는 "정치경제학(당시에는 경제학이라는 학문이 없었고 정치를 하는 사람이나 법을 만드는 사람이 당연히 알아야 할 과학이라는 점에서 이렇게 불렸던 것 같다)이 두 개의 목적을 가지고 있다"고 본다. 1) "국민들에게 풍부한 소득이나 생활 수단을 제공하는 것", 2) "공공 서비스(국민들의 최소한의 인간다운 삶을 보장하기 위해 기업처럼 이익을 보지 않고 국민에게 제공하는 서비스를 말한다. 요즘으로 치면 의료, 교육, 수도, 가스, 전기, 철도, 방송 등의 분야에서 이루어지는 국가 주도의 서비스이다)를 충분히 공급할 수 있도록 국가에게 세입을 마련해주는 것"[8]이다. 다시 말하자면 "정치경제학은 국가와 국민 모두를 부유하게 하는 것을 목적"으로 하고 있다. 이런 정치경제학은 두 개의 서로 다른 학설이 있다. 그 하나가 '중상주의'이고, 다른 하나는 '중농주의'이다. 그럼 먼저 중상주의를 살펴보도록 하자.

1 상업만이 부자가 되는 지름길: 중상주의

(1) 외국 무역(상업)만이 살 길이다

'중상주의'란 국가가 "부유하기 위해서는 화폐(금은)를 많이 가지고 있어야 한다"는 경제학설이다. 그리고 화폐인 금은을 많이 갖기 위해 외국과의 무역을 아주 중시한다. 그런데 외국 무역이라는 것도 외국 생산물의 수입을 제한하고 국내 생산물을 많이 수출하자는 것이다. 그래야만 외국 생산물의 수입을 제한함으로써 외국 생산물과 교환되는 국내 화폐가 외국으로 나가는 것을 막을 수 있고, 반면에 국내 생산물을 수출함으로써 국내 생산물과 교환되는 외국의 화폐를 국내로 들여

---

8 애덤 스미스, 『국부론 상권』, 김수행 옮김, 비봉출판사, 2007, 407쪽. 이하 같은 책, 쪽수만 기입.

올 수 있다. 그렇기 때문에 중상주의자들은 화폐를 많이 갖기 위해 정부가 수출을 장려하고 수입을 제한하는 제도를 만들어 시장에 개입하는 것이 중요하다고 말한다.

또한 중상주의는 화폐를 많이 얻기 위해 정부의 화폐 수출 금지 조치에 대해 반대했다. 이 당시 유럽의 정부들은 화폐인 금은을 많이 가지고 있을수록 국가의 부가 증대한다고 생각했고, 그래서 외국 생산물을 수입하기 위해 금은을 수출하는 것이 국가의 부를 감소시키는 것이라 생각했다. 반대 이유로는 두 가지가 있다.

> 1) 그들은 외국이 재화를 구매하기 위해 금은을 수출하는 것은 왕국의 금은의 양을 반드시 감소시키는 것은 아니며, 그와 반대로 종종 그 양을 증가시키기도 한다고 설명했다. 왜냐하면, 외국 재화의 소비가 국내에서 증가하지 않는다면 그 재화는 외국으로 재수출될 것이고, 그곳에서 많은 이윤을 남기고 판매되어, 재화를 구매하기 위해 처음 수출된 것보다 많은 금은을 가져올 것이기 때문이다.(522쪽)

예를 들어 외국에서 자동차를 1,000원에 수입해왔는데 아무도 사는 사람이 없다고 할 때, 중상주의자들은 이 차를 다시 외국에 1,500원에 팔 수 있으며, 따라서 500원만큼의 금은 양을 더 늘릴 수 있다고 본다.

> 2) 금은은 가치에 비해 부피가 적어서 외국으로 쉽게 밀수출될 수 있으므로, 그러한 금지 조치가 금은의 수출을 막을 수 없다고 그들은 설명했다. 금은의 수출은 이른바 무역수지(balance of trade)에 적당한 주의를 기울임으로써만 저지될 수 있다고 그들은 설명했다. 즉, 한 나라가 수입한 것보다 많은 가치를 수출하면 무역수지는 흑자가 되며, 그 흑자는 반드시 금은으로 결제받아 돌아올 것이기 때문에, 본국의 금은의 양은 증가한다는 것이다.(522~523쪽)

사실 이것이 오늘날 우리나라 경제의 기본적인 뼈대가 되는 정책이다. 예를 들어 1,000원어치만 수입하고 1,500원어치 수출하면 500원이 이윤으로 남고, 이 500원의 이윤은 반드시 화폐인 금은으로 받을 수 있다.

> 상업 중에서 가장 중요한 국내 상업, 즉 동일한 크기의 자본이 가장 큰 소득을 제공하고 그 나라의 국민에게 가장 많은 일자리를 창출하는 국내 상업은 단지 외국무역의 종속물로

생각되었다. 국내 상업은 나라 안으로 화폐를 가져오지도 않고 밖으로 수출하지도 않는다고 말했다. 그러므로 국내 상업의 번영 또는 쇠퇴가 외국무역의 상태에 간접적으로 영향을 미치지 않는 한, 국내 상업에 의해 한 나라가 부유해지거나 가난하게 될 수는 없다고 말했다.(526쪽)

이러한 이유로 중상주의자들은 국내 상업을 외국 무역보다 하찮은 것으로 여긴다. 중상주의자들은 국내 상업은 어떠한 부도 만들어내지 못한다고 생각한다. 나라 안으로 화폐를 가져오지도 않으며 나라 밖으로 수출하지도 않기 때문이다. 예를 들어, 한 나라 안에서 모두 1,000원어치 제품을 만들어내었다고 해보자. 그러면 국내에서 이 제품과 교환하기 위해 필요한 화폐는 1,000원이다. 그러면 국내 상업은 1,000원 한도 안에서 물건을 사고팔 수 있다. 물론 국내 상인 개인으로는 이윤을 볼 수 있고 다른 이는 손해를 볼 것이다. 그러나 나라 전체로 보면 1,000원을 넘어설 수 없다. 왜냐하면 나라 전체의 부가 1,000원을 넘지 않기 때문이다.

앞에서 우리는 중상주의자들은 국가가 부유해지기 위해서 화폐를 많이 가지고 있어야 한다는 원리를 주장하고 있음을 살펴보았다. 이 원리에 따르면, "상인은 일반적으로 화폐를 재

화로 교환하기보다는 재화를 화폐로 교환하기를 갈망"(531쪽)
한다. 특히 외국 무역을 하는 상인은 더욱 그렇다. 외국 무역을
하는 상인들은 외국으로 상품을 팔지 못하면 망하고 나아가
국민도 망한다는 것이 중상주의자들의 생각이다.

(2) 중상주의에 대한 비판

그러나 애덤 스미스는 이러한 중상주의에 비판적인 태도를
취한다. 먼저, 중상주의가 외국 무역을 통해 국가의 부를 증대
한다고 말하는데, 반대로 그는 외국 무역이 국가의 부를 증대
하는 것과는 별로 관계가 없고 중상주의가 결론적으로 상인의
이익을 중시하는 입장이라고 본다. 앞에서 말했던 것처럼 상인
자본은 어떤 한 지역에 정착하는 것이 아니라 이익을 남길 수
있는 곳이면 자기 나라건 다른 나라건 상관하지 않고 달려가
기 때문이다.

둘째로, 중상주의가 화폐인 금은을 유지하고 증가시키기
위해서는 정부의 개입이 아주 중요하다고 말하는 데 반해서,
애덤 스미스는 정부의 개입이 "전혀 불필요하다"(529쪽)고 말
한다. 왜냐하면 이러한 정부의 개입이 사물의 자연적 진행 과
정을 거꾸로 하는 것이기 때문이다. 즉 사물의 자연적 진행 과
정은 국가의 부를 증대하는 중요도를 농업 〉 제조업 〉 상업 순

으로 보는 데 반해, 정부의 개입은 상업과 외국 무역 〉 제조업 〉 농업 순으로 보기 때문이다. 그래서 그는 "최소한의 정부가 최선의 정부"라고 말한다.

셋째로, 중상주의자들이 외국에 상품을 팔지 못하면 나라가 망한다고 한 것에 대해, 애덤 스미스는 외국으로 "상품을 제때 팔지 못함으로써", 외국 무역을 하는 "상인 개인이 파산할 수도 있지만 한 나라의 경우에는 이러한 사고를 당하지 않을 것"(531쪽)이라고 말한다. 왜냐하면 외국으로 팔리지 못한 상품을 국내 상업을 통해 소비한다면 나라의 국민은 망하지 않고 소비한 만큼 생산해내서 국가의 부를 증대할 수 있기 때문이다.

국가의 부를 늘리려는 목적은 국민의 풍족한 생활에 있다. 그렇기 때문에 외국 무역을 하는 목적은 중상주의자들처럼 화폐인 금은을 모으려는 것이 아니라 국내에서 소비되지 않고 남아 도는 부분을 수출하고, 국내에서 소비되어야 할 부분을 수입하려는 것이다. 예를 들어 베네수엘라와 쿠바는 애덤 스미스가 말하는 것처럼 서로가 필요한 부분들이 있어서 무역을 한다. 베네수엘라에는 석유가 많기 때문에 쿠바에 석유를 수출하고 쿠바로부터는 의료 장비들을 들여온다. 반대로 쿠바는 베네수엘라에 의사와 의료진들을 보내고 베네수엘라로부터 석유를 공급받는다. 그러면 베네수엘라 국민들은 좋은 의료 서비스를 공급받아 좀 더 윤택한 생활을 할 수 있고, 쿠바 국민들은 석유라는 에너지를 공급받아 그 에너지와 관련된 여러 생활을 풍족하게 누릴 수 있다. 좀 더 풍족한 생활을 하기 위해 양국 국민들은 좀 더 많은 생산을 할 것이다. 지금까지 중상주의와 이에 대한 애덤 스미스의 비판적 생각을 살펴보았다.

2 농업만이 부자가 되는 지름길: 중농주의

(1) 농사짓는 사람과 그렇지 않은 사람의 차이

'중농주의'란 "토지 생산물이 모든 나라의 소득과 부의 유일한 원천이라는 경제학설"이다. 그런데 애덤 스미스는 "이 학설이 어느 나라에서도 채택되지 않았던 학설이지만" "매우 독창적인 학설"[9]이라고 본다.

중농주의자는 한 나라의 토지와 노동의 연간생산물에 공헌한

---

[9] 애덤 스미스 『국부론 하권』, 김수행 옮김, 비봉출판사, 2007, 817쪽. 이하 같은 책, 쪽수만 기입.

다고 생각되는 사람들을 세 계급으로 분류한다. 첫 번째 계급은 토지소유자 계급이다. 두 번째 계급은 차지농·농업노동자 등 경작자 계급인데, 이들은 중농주의자에 의해 생산적 계급으로 칭송되며, 세 번째 계급은 수공업자·제조업자·상인 계급인데, 중농주의자들은 이들을 비생산적 계급이라는 굴욕적인 명칭으로 그 지위를 격하시키고 있다.(819쪽)

중농주의는 한 나라의 토지·노동이 만들어내는 1년 동안의 생산물에 공헌하는 사람들을 세 계급으로 나누고 있다.

중농주의는 첫 번째와 두 번째의 계급을 생산적 계급이라 부르고, 세 번째 계급을 비생산적 계급이라고 부른다. 앞의 두 계급을 생산적 계급이라 부르는 이유는, 땅을 빌려 쓰는 값인 지대라는 이윤과 농사짓는 사람이 가져가는 이윤, 즉 새로운 가치를 생산하기 때문이다. 예를 들면, 지주 계급이 땅을 사고 땅을 비옥하게 하고 농사를 잘 짓기 위해 건물·배수구·울타리·기타 설비 등의 토지 비용으로 100원을 투자한다고 해보자. "경작자 또는 차지농은 토지를 경작하기 위해 지출하는 (중농주의에서 말하는) 시초비용(始初費用: depenses primitives)과 연간비용(年間費用: depenses annuelles)에 의해 연간생산량에 공헌한다. 시초비용에는 농사용구·가축·종자 등에 소요되는 비용", 그리고

"1년 동안 씨앗을 사고 관리하며 농기구가 소모되는 비용뿐만 아니라 자기 가족이 일 년 동안 생활할 수 있는 비용과 가축을 길러내는 비용인 연간 비용"(820쪽)을 합쳐 100원을 쓴다. 그러면 모두 200원의 비용이 들어간다. 그런데 이를 통해 300원의 곡식을 생산했다면 100원의 이윤이 만들어진다. 이 100원 중에서 땅 가진 사람에게 지대로 50원, 실제로 농사짓는 사람이 50원의 이윤을 가져가게 된다. 이렇게 100원의 새로운 이윤, 즉 가치를 더 만들어내기 때문에 두 계급을 생산적인 계급이라고 한다.

그리고 세 번째 계급을 비생산적 계급이라고 부르는 이유는, 이 계급에 속하는 수공업자·제조업자·상인들은 앞에서 말한 "새로운" 이윤, "가치를 만들어내지 못하"기 때문이다. 예를 들면 이 계급에 속하는 사람들이 원료·도구를 사고 노동자에게 지급할 임금으로 모두 100원이 들었다고 해보자. 이렇게 물건을 만들어 시장에 내다 팔아서 150원을 벌었다면 50원의 이윤을 만든 것이다. 그런데 이 50원은 이 계급에 속한 이윤이지만, 이 계급의 단순한 "생활 유지비"(822쪽)로 쓰이기 때문에 결과적으로는 아무런 이윤도 만들어내지 못한다. 다시 말해 이 50원은 위의 예에서 말한 시초 비용과 연간 비용 100원에 섞여서 단순히 생활할 수 있는 비용으로 쓰인다. 그러니 결과적으로는 아무것도 남지 않는다. 앞의 예에서 새로운 이윤, 가치 100원은 다시 토지 생산물을 더 많이 생산하는 데 쓰인 반면에, 지금 예에서 이윤 50원은 더 많은 제품을 생산하는 데 쓰이지 못한다는 것이다.

(2) 중농주의는 농사짓는 사람을 무시하지 않는다

그러나 중농주의자들은 상황이 이렇다고 해서 생산적 계급이 비생산적 계급을 무시하거나 억압해서는 안 된다고 말한다.

> 어떤 측면에서도 상인·수공업자·제조업자의 노동을 제한·억제하는 것은 토지소유자와 경작자에게 이익이 될 수 없다. 이 비생산적 계급이 향유하는 자유가 크면 클수록 그 계급을 고용하는 각종 직업에서의 경쟁은 더욱 커질 것이고, 토지소유자와 경작자는 외국 재화와 국내 제조품을 더욱 싸게 공급받을 것이다.(826쪽)

중농주의자들은 비생산적 계급과 생산적 계급이 서로 보완하고 협력하면서 발전할 수밖에 없다고 말한다. 국내에서 제조업·상업 등이 발전해 완성된 제품을 많이 생산하면 외국에서 수입하는 상품보다 싸게 살 수 있다. 외국에서 들여오는 상품은 운송비, 보관비 등이 더해져 이 비용이 거의 들지 않는 국내의 상품보다 더 비싸기 때문이다. 또한 국내 상품을 싸게 살 수 있는 생산적 계급, 즉 땅을 가진 사람과 농사짓는 사람은 외국 상품보다 훨씬 싸게 산 국내 상품을 이용해 농업 생산물을 더 많이 만들어낼 것이기 때문이다. 예를 들어 국내 생산적 계급의 이윤이 300원이고, 외국 트랙터의 값이 150원인데 국내 트랙터의 값이 100원이라면, 국내 생산적 계급은 2대의 트랙터보다는 3대의 트랙터를 가지고서 더 많은 농업 생산물을 생산해낼 수 있다.

이러한 관계는 상업국과 농업국 사이의 관계에 똑같이 적용된다. 상업국의 상품이나 무역에 고율의 관세를 부과하거나 금지하는 것은 농업국에 아주 해가 된다는 것이다. 즉 외국 제조품의 수입을 제한하거나 금지하면 그 제조품이 국내에 별로 없어서 가격을 높이게 된다. 그러면 농업 이윤의 많은 부분이 이 제조품 구입에 들어가고, 그래서 농업에 투자가 적어져서 농업 생산량이 떨어지며 그만큼 국가가 가난해진다. 만약 100원짜리 트랙터에 100퍼센트 관세를 붙이면 트랙터의 값은 200원이 된다. 그리고 국내 생산적 계급의 이윤이 300원이라고 하면, 관세를 안 붙였을 경우에는 트랙터 값이 100원이고, 나머지 200원으로 농업에 투자할 수 있다. 그러나 100퍼센트의 관세가 붙었을 경우에는 트랙터 값이 200원이고, 따라서 나머지 100원으로 농업에 투자해야 한다. 그러면 농업에 200원을 투자한 것과 100원을 투자한 것 중 어느 것이 농업 생산물을 많이 만들어낼 수 있을까?

> 상업국이 공급하는 상품이나 그들의 무역에 고율의 관세를 부과함으로써 상업국의 산업을 저해·억제하는 것은 결코 농업국의 이익이 될 수 없다. 이런 관세는 상업국 상품의 값을 비싸게 하여 농업국 자신의 토지의 잉여생산물[이것으로 농업국은 상업국의 상품을 구매한다]의 실질가치를 떨어뜨릴 뿐이다. 그 관세는 농업 잉여생산물의 증가 그리고 결과적으로는 그들 자신의 토지의 개량·경작을 저해할 뿐이다.(827쪽)

그러므로 중농주의자들은 "그들 자신[농업국]의 토지의 개량·경작을 장려하기 위한 가장 효과적인 수단은 모든 상업국의 무역에 가장 완전한 자유를 허용"(828쪽)하는 것이라고 말한다. 그렇게 되면 국내 농업 생산물이 크게 증가하고, 자본이 크게 증가하며, 이 자본을 제조업·상공업에 투자함으로써 다른 상업국과의 경쟁에서 이길 수 있다고 말한다. 상품을 더 싸게 팔 수 있기 때문이다.

(3) 중농주의에 대한 비판적 지지

그런데 애덤 스미스는 이러한 중농주의를 비판한다. 그는 수공업자·제조업자·상인 계급을 비생산적인 계급으로 보는 것을 중농주의의 주된 잘못이라고 말한다. 그는 이 계급이 생산적 계급이라고 말한다. 이와 관련해 다섯 가지를 이야기한다.

1) "이 계급은 자신이 연간 소비한 가치를 매년 재생산하며, 자신을 유지하고 고용하는 자본을 적어도 존속"한다(833쪽)는 점에서 생산적 계급이다. 예를 들어 한 쌍의 남녀가 결혼을 해서 1녀 1남의 아이를 낳았을 때, 이 부부 2명이 2명만 낳았다고 해서 아이를 낳지 못한다고 말하는 것과 같은 잘못을 저지른다는 것이다.

2) "수공업자·제조업자·상인을 하인과 동일시하는 것은 전적으로 부적절하다고 생각"한(833쪽)다. 하인은 전적으로 주인이 먹여 살리지만 이 계급은 그렇지 않다. 하인의 노동은 상품이 되지 않지만 이 계급의 노동은 판매 가능한 상품이므로 어쨌거나 국가의 부와 관련을 맺는다.

3) "수공업자·제조업자·상인의 노동은 그 사회의 진정한 수입을 증가시키지 않는다고 하는 것은 아무리 생각해봐도 부당한 것 같다"(834쪽)는 것이다. 이들은 자신이 먹고 쓰고 남는 부분을 저축하기도 하는데, 바로 이 저축이 어쨌거나 국가의

소득을 늘리는 데 쓰인다.

　4）"차지농과 농업노동자도 절약하지 않고서는 사회의 진정한 수입, 즉 토지·노동의 연간생산물을 증가시킬 수 없다"(835쪽)는 것이다. 생산적 계급이 자신의 소득을 흥청망청 써버린다면 국가의 소득은 늘어나지 않는다. 또한 근면하지 않으면 자신을 계발하거나 농기구 등을 개량하는 데 어떠한 노력도 하지 않아 농업 생산물의 생산량이 떨어진다.

　5）"상공업국의 수입은 다른 사정이 동일하다면 무역·공업이 없는 나라의 수입보다 항상 더 클 것임에 틀림없다"(836쪽)는 것이다.

　이러한 비판에도 불구하고 애덤 스미스는 중농주의가 아주 의미 있으며 "정당하다"고 말한다. 즉 "국부(國富: wealth of nations)가 화폐라는 소비할 수 없는 귀금속으로 구성되는 것이 아니라 그 사회의 노동에 의해 해마다 재생산되는 소비 가능한 재화들", 예를 들어 쌀, 과자, 옷, 신발 등으로 이루어진다는 점에서, 또한 외국과의 무역에서 "완전한 자유"(837~838쪽)가 최대한 부를 증대하는 유일한 것이라는 점에서 중농주의가 유효하다고 말한다.

나라가 있어야 내가 있다

1 나라 살림을 위해 십시일반하기

우리가 앞 장에서 살펴보았듯, 애덤 스미스는 정치경제학의 목적이 "국민들에게 풍부한 소득이나 생활수단을 제공하는 것", "공공 서비스를 충분히 공급할 수 있도록 국가에게 세입을 마련해주는 것"이라고 보았다. 앞 장에서는 1)의 목적에 관해 살펴봤는데, 이번 장에서는 2)의 목적과 관련해 말해보고자 한다.

애덤 스미스에게 공공 서비스를 제공하는 기초는 국가이

다. 그렇기 때문에 국가를 잘 유지하는 것이 중요하다. 그는 국가를 유지할 수 있는 비용에 대해 전체적으로 다섯 가지를 이야기한다.

> 사회를 방위하기 위한 지출과 국가 원수(元首)의 존엄을 유지하기 위한 지출은 사회 전체의 일반적 이익을 위하여 지출되는 것이다. (······) 사법행정의 지출도 사회 전체의 이익을 위해 지출된다고 간주되어야 한다. (······) 특정 지방이나 주(州)의 이익을 위해 지출되는 지방이나 주(州)의 지출(예컨대 특정 도시나 지역의 경찰 유지를 위한 지출)은 지방이나 주(州)의 수입에 의해 조달되어야 하며 사회 전체의 일반적 수입에 부담을 주어서는 안 된다. (······) 훌륭한 도로와 교통을 건설하고 유지하기 위한 지출은 틀림없이 사회 전체에 이익을 주며, 따라서 사회 전체의 일반수입에 의해 조달되는 것은 불공평하다고 할 수 없다.[10]

(1) 애덤 스미스에게 사회를 방위하는 비용과 최고 통치자인 국왕의 비용은 사회 전체의 일반적 이익을 위해 쓰여야 하

---

10 애덤 스미스, 『국부론 상권』, 김수행 옮김, 비봉출판사, 2007, 1003~1004쪽. 이하 같은 책, 쪽수만 기입.

는 것이므로 사회 전체 구성원이 그 경비를 위한 돈을 내야 한다는 것이다. 왜냐하면 모든 사람은 혼자서 살 수 없고, 자신의 생활이나 이익을 위해서는 공동체 생활을 해야 하는데, 그 공동체의 가장 큰 단위가 국가이고, 이 국가가 망하지 않도록 잘 지키는 것이 몇몇 개인에게만 이득이 되는 것이 아니라 사회 구성원 모두에게 이익이 되기 때문이다. 그런데 이 비용은 사회 구성원 각자의 능력에 따라, 즉 수입에 "비례해서 내야 한다."(1003쪽) 다시 말하자면 잘사는 사람은 조금 더 내고 못사는 사람은 조금 덜 낸다는 것이다.

(2) 재판에 관련된 비용인 사법 비용 역시도 사회 전체의 이익을 위해 지출되는 것으로 보아야 하기 때문에 사회 전체의 구성원들이 모두 그 경비를 위한 돈을 내는 것이 부당하지는 않다고 애덤 스미스는 말한다. 그러나 그는 이 비용을 실제로 사용하여 이익을 보는 사람이 부당한 일을 당하거나 저질렀을 때 재판소의 구제나 보호를 요청하는 사람이기 때문에, 그 비용을 내야 하는 사람이 이 사람이어야 하는 것 또한 정당한 것이기 때문에, 즉 몇몇 개인들의 재판에 의해서 사회 구성원 모두가 이익을 보는 것이 아니기 때문에 굳이 사회 구성원 모두가 이 비용을 내야 하는 것은 아니라고 본다. 다시 말하자

면 1)에서처럼 "반드시 사회 구성원 전체가 재판에 관련된 비용을 내야 하는 것은 아니"(1003쪽)라는 것이다.

그런데 만일 1)에서처럼 반드시 사회 구성원 전체가 재판에 관련된 비용을 내지 않고 재판에 직접 관련된 사람만이 재판 비용을 낸다면 재판이 공정하게 이루어지지 않고 돈이 없는 사람에게 불리하게 재판이 이루어질 가능성이 아주 높다. 예를 들어 돈이 아주 많은 사람이 유능한 변호사에게 사건을 맡겨 무죄를 받거나 아니면 아주 가벼운 처벌을 받게 된다. 그렇지만 돈이 없는 사람은 국선 변호사에 의해 재판을 받게 되는데, 이 변호사들은 앞의 변호사보다 훨씬 더 사건에 신경을 쓰지 않는다. 왜냐하면 우리 사회는 돈을 제일 중요한 것으로 여기는 자본주의 사회이기 때문이다. 그러면 재판에 미치는 영향이 아주 적기 때문에 무거운 처벌을 받을 위험이 크다. 또한 자본주의 사회에서 돈 있는 사람들이 유리할 수 있는 법이 만들어질 가능성도 아주 높다.

(3) 애덤 스미스는 지방 자치에 관한 비용이 지방 세금 수입을 통해서 이루어져야 하며, 결코 사회 구성원 전체가 그 비용을 내서는 안 된다고 말한다. 왜냐하면 지방 자치에 관한 비용을 사용함으로써 이익을 보는 것은 그 지방 사람이지, 사회

구성원 전체가 아니라고 보기 때문이다.

　그런데 이렇게 했을 때 가난한 지방 정부는 지방 주민들의 생활을 돌봐야 하는 본래의 목적을 잊어버리고 오로지 지방 자치 비용의 수입만을 목적으로 삼게 된다. 즉 돈만을 목적으로 여긴다는 것이다. 또한 지방들 사이의 불균등 발전이 이루어지게 될 것이다. 가난한 지방은 좀 더 많은 발전을 위해 공장을 유치하고, 상업·유흥 단지를 조성하려고 국토 개발의 모든 권리를 쥐고 있는 중앙 정부에 잘 보이려 할 것이다. 그러면 지방 정부는 중앙 정부에 종속돼서 지방 자치가 사라질 위험이 크게 높아진다.

　그리고 공장, 상업·유흥 단지를 조성하면 농사짓는 땅이 줄어든다. 농사짓는 땅이 줄어든다는 것은 농업 생산물이 줄어드는 것을 뜻한다. 이렇게 되면 농업 생산을 통해 국가의 부가 늘어날 수 있다는 중농주의의 입장을 가지고 있는 애덤 스미스 자신의 생각과 모순될 위험이 아주 크다.

　⑷ 애덤 스미스는 훌륭한 도로·교통을 유지하는 비용이 틀림없이 사회 전체에 이익을 주므로 사회 전체 구성원 모두가 이 비용을 내는 것이 부당하지 않다고 말한다. 그러나 2), 3)의 경우에서와 마찬가지로 "이 비용이 여행을 하는 사람이나 상

품을 운반하는 사람에게 직접적이고 즉각적인 이익"(1004쪽)을 주는 것이지, 사회 구성원 전체에게 직접적이고 즉각적인 이익을 주는 것이 아니라고 말한다. 그렇기 때문에 이 비용에 의해 직접 이익을 보는 사람에게 이 비용을 내게 하는 것도 옳다고 말한다.

(5) 또한 애덤 스미스는 청소년과 청년을 위한 학교 교육의 비용도 틀림없이 사회 전체에 이익을 주므로 사회 전체 구성원 모두가 이 비용을 내는 것이 부당하지 않다고 말한다. 그러나 2), 3), 4)의 경우와 마찬가지로 "이 비용이 학교 교육을 받는 사람에게 직접적으로 이익"(1004쪽)을 주는 것이지, 사회 전체 구성원 모두에게 직접적인 이익을 주는 것은 아니라고 말한다. 그렇기 때문에 이 비용에 의해서 직접 이익을 보는 사람에게 이 비용을 내게 하는 것도 옳다고 말한다. 그런데 이 비용에 의해서 직접 이익을 보는 사람에게 이 비용을 내게 하면 결과적으로는 사교육비의 증가, 그리하여 교육의 불평등을 낳을 수 있다. 즉 돈 없는 사람들은 교육의 혜택을 덜 받게 되고 돈 많은 사람들은 교육의 혜택을 아주 많이 받게 된다. 그렇다면 아이들에게 좀 더 질 좋은 교육을 받게 하려고 노동자를 비롯한 대부분의 국민들은 엄청난 사교육비를 감당하기 위해 허리

가 휘어질 것이다. 뿐만 아니라 아이들에게 신경을 써줄 시간이 아주 부족하게 된다. 그러면 자식들은 외롭다고 느낄 것이고, 부모에게 많은 불만을 가질 것이다. 이런 상황이 일상적으로 계속 될 때, 아이들은 집이 싫어지고 학교도 싫어지고 그리하여 잘못된 길로 들어설 수도 있다.

또한 사교육비가 늘어난다는 것은 공교육이 무너진다는 것을 뜻한다. 이는, 돈이 많지 않은 부모를 둔 아이들 대부분은 교육의 기회가 아주 적어지는 것임을 뜻한다. 그리고 이러한 것은 나라의 미래 생산 주체인 아이들의 능력을 펼치지 못하게 하는 결과를 낳아 나라가 아주 가난하고 약해지고, 앞으로의 생활도 아주 고단해질 것이다.

2 세금을 잘 걷어야 나라가 산다

애덤 스미스에 따르면 세금이란 국가의 운영, 유지, 발전을 위해 "개인들의 사적인 수입은 궁극적으로 세 가지 다른 원천, 즉 지대·이윤·임금"(1016쪽)으로부터 나오는 것이다. 사람이면 누구든지 사회를 떠나서 살 수 없다. 사회의 가장 큰 단위 중의 하나가 국가다. 그렇기 때문에 국민 각자가 살아가려면 국가를 유지하는 것이 반드시 필요하다. 국가를 유지하기 위해서는 국민 각각이 국가를 운영하기 위한 비용, 즉 나라의 살림살이를 위한 비용을 내야 한다.

그러면 세금을 걷을 때 어떤 원리와 방식에 따라야 할까? 이에 대해 애덤 스미스는 다음의 네 가지 원칙에 따라 세금을 거두어야 한다고 말한다.

> (1) 한 국가의 국민이라면 마땅히 가능한 한 각자의 능력에 비례하여(즉, 국가의 보호하에 각자가 획득하는 수입의 크기에 비례하여) 정부를 유지하기 위한 기여를 해야 한다. (……) (2) 각 개인이 납부해야 하는 조세는 반드시 확정적(確定的)이어야 하고 자의적(恣意的)이어서는 안 된다. (……) (3) 조세는 납세자가 지불하기에 가장 편리한 시간에, 가장 편리한 방법으로 징수되어야 한다. (……) (4) 모든 조세는 국민의 주머니로부터 끄집어내는 금액, 또는 국민들의 주머니 속으로 들어가지 못하는 금액이, 국고에 들어가는 금액을 초과하는 부분이 가능한 한 작게 되도록 고안되어야 한다.(1017~1018쪽)

(1) 국가의 국민은 정부를 유지하기 위해 국민 각자가 세금을 낼 수 있는 능력이 정확하게 어느 정도 되는지에 따라, 즉

소득이 정확히 얼마나 되는지에 따라 세금을 내야 한다. 예를 들어 소득에 대한 세금의 비율이 십일조처럼 10퍼센트라면, 100만 원을 버는 사람은 10만 원의 세금을 내는 것이고, 1,000만 원을 버는 사람은 100만 원의 세금을 내야 한다. 그런데 애덤 스미스의 이런 생각을 넘어서서 누진세 제도라는 것이 생겨났고, 오늘날 우리나라를 비롯한 대부분의 나라에서 이 누진세 제도를 채택하고 있다.

(2) 국민 각 개인이 내야 하는 세금은 반드시 분명하게 확정될 필요가 있으며 자의적이어서는 안 된다. 다시 말해 "납세의 시기·방법·금액은 납세자와 기타의 사람들에게" 잘 이해될 수 있도록 "간단명료해야 한다"는 것이다. 그렇지 않으면 세금을 매기는 사람 마음대로 세금을 매기고, 마음에 안 드는 사람에게는 세금을 왕창 매기는 상황이 벌어질 것이다. 그리고 이러한 상황이 발생하게 되면 세금을 덜 내려는 사람하고 징세인 사이에 "부패"(1017쪽)가 생겨나게 된다. 그러니까 자기가 얼마만큼 세금을 내야 하는지에 대한 정보를 간단명료하게 알아볼 수 있도록 해야 한다.

(3) 세금은 세금을 내는 사람이 세금을 내기 가장 편한 시

간 또는 방법으로 내도록 해야 한다. 그래서 우리나라의 경우에 회사에서 일하는 사람들이 월급을 받을 때 직접세인 갑종 근로소득세 등을 비롯한 여러 세금을 떼고 월급을 받는다. 그리고 다른 모든 세금은 월급날 직후에 낼 수 있도록 세금고지서가 집으로 배달된다. 또한 우리가 물건을 사서 쓸 때 그 물건의 값에 교육세, 방위세 등의 간접세가 덧붙여져 있다.

⑷ 모든 세금은 세금을 내야 하는 만큼만 국가의 금고에 들어가야 하는 것이지, 세금과 관련된 불필요한 돈이 국가의 금고에 들어가서는 안 된다. 그런데 세금과 관련된 불필요한 돈이 국가의 금고에 들어가는 예가 네 가지가 있다고 애덤 스미스는 보고 있다.

① "조세 징수에 많은 수의 관리들이 필요해서 그들의 봉급이 조세 수입의 대부분을 갉아먹고 또한 그들의 부수입이 국민들에게 추가적인 과세 부담으로 되는 경우"(1018쪽)이다. 예를 들면 국민들에게서 모두 100원의 세금을 걷었다고 해보자. 그리고 100원의 세금을 걷기 위해 3명의 공무원이 필요하고 3명의 월급으로 30원이 나간다고 해보자. 그런데 국가에서 6명의 공무원을 고용해 월급으로 60원이 나간다면, 국민을 위해 써야 할 세금이 70원에서 40원으로 줄게 된다. 이런 경우가

추가적으로 세금을 더 내게 만드는 경우이다.

② 이 경우는 회사 사장 또는 재벌 회장과 같은 자본가들에게 해당되는 경우이다. "많은 사람들을 먹여 살리고 고용할수 있는 어떤 산업 부문"(1018쪽)의 자본가들이 돈을 많이 번다고 해서 세금을 아주 많이 내게 하는 경우이다. 이런 경우에 자본가들은 이런 산업 분야에 투자하기를 주저하게 되고, 세금을 쉽게 걷을 수 있는 돈의 뿌리를 잘라내는 것과 같다. 우리나라에서도 이와 관련된 뉴스들을 종종 보게 된다. 자본가들은 세금이 많아서 기업 해먹기 참 힘들다는 불만을 하면서 정부에게 세금을 적게 낼 수 있도록 하는 등의 기업 규제를 풀어달라고 요구한다. 그런데 해방 이후 재벌이나 대기업들은 세금을 대폭 감면받는 등의 혜택을 누려왔고, IMF 이후에는 자본가들이 기업을 잘할 수 있도록 여러 법적 제도를 갖추고 있다. 그러니까 자본가들에게 세금을 적게 걷는 대신 일반 서민들에게 세금을 더 걷게 되어서 일반 서민들은 참으로 살기 힘들다는 말을 하는 것이다.

③ "탈세를 시도하다가 실패하는 불행한 사람들에게 몰수기타의 형벌을 부과함으로써, 조세가 그들을 종종 몰락시키고 그리하여 사회가 [그들의 자본 운용으로부터 얻을 수 있었을]이익을 상실하게 되는 경우"(1019쪽)이다. 이 경우도 자본가에

게 해당된다. 그렇지만 우리나라에서는 이러한 자본가들에게 재산을 완전히 몰수한다는 등의 형벌을 내린 적이 거의 없었다. 오히려 세금을 떼먹고도 큰소리치면서 대로를 활보하고 다니는 경우를 TV에서 종종 보았을 것이다.

④ "국민들에게 조세 징수인의 빈번한 방문·짜증나는 조사를 받게 함으로써 조세가 국민들에게 수많은 불필요한 고통·번거로움·억압을 주는 경우"(1019쪽)이다. 그리하여 국민들이 세금을 걷는 사람에게 일종의 뇌물과 같은 부당한 사례를 함으로써 세금 이외의 불필요한 비용을 지불하도록 하는 경우이다.

애덤 스미스는 세금을 걷어 국가가 이롭고 따라서 국민들이 이로워야 하는데도, 국민들이 커다란 고통과 부담을 안게 되어서 결국 국가가 이롭지 못하게 되는 경우는 위의 "네 가지 중 하나"라고 말한다. 그는 위에서 말한 네 가지 세금 걷는 원칙이 분명히 정의롭고 유용한 것이기 때문에, 반드시 위의 네 가지 원칙을 지켜야 한다고 강조한다.

글을 마치며

지금까지 우리는 애덤 스미스의 『국부론』의 내용을 대략 살펴봄으로써 그가 무엇을 말하고자 하는지 대략 알 수 있었다. 이 책에서 애덤 스미스 사상의 핵심은 '모든 부의 근원은 인간의 노동'이라는 것이다. 그런데 문제는 사상의 핵심이 '이 것이다'라고 그저 알거나 외우는 것이 아니라, 이 핵심에서 오늘날 우리 삶과 사회의 문제 해결에 어떤 실마리를 찾을 수 있는가이다. 이런 문제를 해결하지 않고서는 우리의 삶은 아무런 의미가 없기 때문이다.

오늘날 우리 사회의 가장 중요한 문제는 경제 문제이다. 사람은 일단 먹고사는 문제가 해결되지 않으면 어떠한 활동도 할 수 없다. 그런데 경제 문제 중에서도 특히 중요한 것은 국민의 대다수인 노동자의 삶의 문제이다. 노동자는, 애덤 스미스에 따르면, 사회의 부를 만들어내고 늘려가는 주체이기 때문이다. 그런데도 우리 사회는 국민 대다수인 노동자의 삶의 문제를 이기적인 것이라고 몰아붙이거나 노동자를 박대·억압한다. 이렇게 해서는 국가의 부가 제대로 생산될 수 없고, 따라서 국민 전체가 살아갈 수 없다.

이런 상황 속에서 '모든 부의 근원은 인간의 노동이다'라는 애덤 스미스 사상의 핵심은 우리 사회의 경제 문제, 나아가서 우리 모두의 삶의 문제를 해결하는 이정표 역할을 할 수 있다. 이제 이러한 문제를 해결할 구체적인 방법은 글쓴이와 글을 읽는 여러분, 즉 우리 모두의 과제가 아닐까 생각해보면서 이 글을 마친다.

3장

철학의 이정표

첫 번째 이정표

『도덕감정론』
애덤 스미스, 한길사, 2016

애덤 스미스의 『도덕감정론』(1759)은 인간의 도덕 감정의 기초가 무엇인지에 대해 이야기한다. 도덕 감정의 기초는 인간들이 가진 공감인데, 이 공감은 다른 사람의 기쁨이나 슬픔을 보면서 함께 기뻐하고 슬퍼하는 감정을 뜻한다. 이러한 공감을 가지고 느낄 때 인간은 행복해질 수 있다. 그런데 이 공감의 기준은 '공평한 관찰자(impartial spectator)'이다. 공평한 관찰자는 자신의 행위가 자신만을 위한 이기적인 것인지, 아니면 다른 사람들과 조화로운 관계를 맺을 수 있는 것인지를 판단한다. 이 공평한 관찰자는 『국부론』에서 '보이지 않는 손'으로 이어진다.

『도덕감정론』에서의 '공감'과 '공평한 관찰자'는 『국부론』

에서의 기본 개념인 노동, 분업, 보이지 않는 손에 의한 자연스
러운 국부의 증대와 밀접한 연관을 가진다. 애덤 스미스의 노
동은 개별적인 개인의 노동이기는 하지만 다른 사람과의 공존
을 무시하는 이기적인 노동이 아니다. 이 노동은 공감을 바탕
으로 이루어지는 분업 형태로 이루어진다. 이렇게 되었을 때
서로 공감하는 모든 사람들(국가)을 위한 부가 자연스럽게 증대
하게 된다.

『오성에 관하여—인간 본성에 관한 논고 1』
데이비드 흄, 서광사, 1994

애덤 스미스의 사상에 큰 영향을 준 사상가는 데이비드 흄이라는 철학자이다. 흄은 스미스의 절친한 친구였다. 흄의 『인간 본성에 관한 논고』(1740)는 인간의 본성이 무엇인가에 대해 논한다. 여기에서 흄은 인간의 본성을 '공감'이라고 말한다. 공감은 흄의 '연합의 원리'에 기초해 있다. 흄의 연합의 원리는 모든 인간에게 좋은 것, 선한 것이 되어야 한다는 실천적 계기가 내재해 있다. 이런 실천적 계기 속에는 "타인의 기쁨에 대한 욕망과 그의 고통에 대한 혐오를 겸하는 인상들에 대응하는 것"이 있는데, 흄은 이것을 '공감(sympathy)'이라고 한다.

흄의 공감은 스미스의 공감과 아주 유사하다. 그런데 흄의 공감은 배제와 확장이라는 이중적인 측면을 가지고 있다. 공감의 배제는 제한된 공감이란 의미를 가지며, 공감의 확장은 제한된 공감을 넘어선다는 의미를 가진다. 이러한 이중적 측면은 미래를 통해 현실을 살면서 동시에 현실을 통해 미래를 기획하는 인간의 이중적 측면과 연결되어 있다. 공감의 확장을 위해서는 '제한된' 공감을 의식하는 것이 필요한데, 이러한 의식은 자기의식으로서 현실을 넘어서는 미래의 새로운 경험을 통해 이루어진다. 이 의식은 애덤 스미스의 '공평한 관찰자'와 연결된다. 또한 공감의 배제와 확장은 인간 '본성(nature)' 및 '자연적인 것(nature)'으로서 부의 증대의 원인인 애덤 스미스의 '보이지 않는 손'과 연결된다. 그리고 애덤 스미스의 노동은 공감을 바탕으로 이루어지며, 분업은 적대적 경쟁하에서 이루어지는 것이 아니라 공감을 바탕으로 하는 협업 형태로 이루어지는 것이며, 더 나아가 애덤 스미스가 독점을 반대했다는 것을 이해할 수 있다.

세 번째 이정표

『사회계약론』
장 자크 루소, 후마니타스, 2018

애덤 스미스와 흄의 공감은 장 자크 루소의 『사회계약론』의 내용과 연결된다. "인간은 자유롭게 태어났다. 그러나 도처에서 쇠사슬에 묶여 있다." 『사회계약론』(1762)의 첫 줄을 장식하는 이 구절은 인간의 자유를 갈망하는 루소의 사상을 집약적으로 보여준다. 그런데 쇠사슬에서 벗어나 지속적으로 자유를 추구하기 위해, 루소는 『사회계약론』에서 '일반의지'를 강조하고 있다. 일반의지는 '공공선'을 위해 존재하며, 사회계약을 통해 이루어진다. 루소의 일반의지, 공공선, 사회계약은 인간의 조화로운 관계를 위해 필수불가결한 것인데, 인간의 조화로운 관계는 스미스의 동감, 흄의 공감을 바탕으로 이루어진다고 할 수 있다. 인간의 조화로운 관계는 인간의 자유를 보장하

일반의지

일반의지(一般意志, Volontegenerale, General will)는 사회의 모든 사람이 공유하는 의지다. 프랑스 철학자 장자크 루소가 1762년에 발표한 『사회계약론』에서 제창한 개념이다. 국민, 시민의 의지란 무엇이며, 그것이 정치에 반영된다는 건 무슨 일인가 하는 질문의 해결이 되었다. 이를 발견할 때까지의 과정은 자유 토론이며, 거기서부터 모든 사람에게 자신의 문제이기도 하며 전원의 문제이기도 한 사항이 도출되어 그것이 일반의지가 된다. 하지만, 이는 어디까지나 전원에게 공통되는 의지이며, 개인의 사정이나 이해의 총체는 아니다. 모든 사람이 개인적인 특정의 사정을 이 자리에서 버리고 갔을 때야말로 공통의 의지가 분명해져, 이 공통의 의지만을 의지해 사회가 성립한다. 이 사회의 질서는 이 일반의지만을 근거로 한 주권의 힘이며, 이렇게 개인과 사회와 주권이 완전히 대립하는 일 없이 서로 겹치는 국면이 된다. 그런데 선거의 투표에 의해 얻을 수 있는 의지나, 의회에서 정당 간의 합의 등으로 얻을 수 있는 의지는 '일반의지'가 아니다. '일반의지'는 정치가의 의지도 아니다. 루소는 『사회계약론』의 전체를 통해, '일반의지'에의 절대복종을 말한다.

는 것이며, 이 자유는 어떤 특정한 의지에 복종함으로써 이루어지는 것이 아니라, 서로의 공감과 동감을 통해 이루어진 협력 관계를 통해 이루어진다.

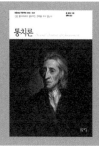

『통치론』
존 로크, 돌을새김, 2019

존 로크는 『통치론』에서 정치권력이 발생하기 이전의 자연 상태에서 인간은 생명·자유·재산이라는 자연권을 가진다고 말한다. 이 자연권을 수호하기 위해 사람들은 서로 계약을 맺어 국가를 만들기 때문에, 정부는 국민으로부터 권력을 위탁받고 있는 데 불과하며, 최고의 권력은 항상 시민에게 있다고 말한다. 그리고 정부가 이 위탁을 위배했을 때 시민은 정부를 바꾸는 '저항권'을 가진다고 말한다. 또한 재산권의 발생에 관해서는, 노동이 소유를 낳는다는 노동가치설을 주장했다. 이것이 『통치론』에 나와 있는 로크 사상의 골자이다.

최고의 권력이 시민에게 있다는 것은 시민들의 공감, 동감을 통해 만들어진 '일반의지'(공공선) 위에 기초하고 있다는 것

저항권

저항권(Right of resistance) 또는 혁명권(Right of revolution)은 국가권력에 의해 헌법의 기본 원리에 대한 중대한 침해가 행해지고 그 침해가 헌법의 존재 자체를 부인하는 것으로서 다른 합법적인 구제 수단으로는 목적을 달성할 수 없을 때에 국민이 자기의 권리와 자유를 지키기 위해 실력으로 저항하는 권리이다. 저항권 사상은 서양의 폭군방벌론과 동양의 역성혁명론에서 그 기원을 찾을 수 있지만, 근대적이고 체계화된 저항권 이론이 등장한 것은 근대 자연법 사상이 대두한 이후부터다. 저항권을 주장한 대표적인 학자로 로크를 들 수 있는데, 로크에 의하면 국가는 국민들의 신탁 내지 위임에 따라 성립한 것이므로 국가가 그 신탁의 범위를 넘어 불법적인 지배를 감행할 경우에는 국민이 이에 저항할 수 있는 자연법적 권리를 갖는다고 했다.

과 연결되며, 로크의 노동가치설은 애덤 스미스의 노동가치론과 연결된다. 또한 로크의 저항권은 애덤 스미스의 '독점 반대'와 흄의 제한된 공감을 넘어서는 공감의 확장과 연결된다.

다섯 번째 이정표

**『정치경제학과 과세의 원리에 대하여』
데이비드 리카도, 책세상, 2019**

『정치경제학과 과세의 원리에 대하여』(1817)에서 데이비드 리카도는 지주 계급의 이익이 사회 전체의 이익과 대립된다는 명제를 증명하고자 했다. 즉 노동하지 않고 토지의 생산성만으로 이윤을 얻는 지주 계급에게 분배되는 몫이 늘어날수록 자본가의 몫이 줄어들고 경제는 침체 상태에 빠질 수밖에 없으며, 이는 노동자들의 생활 수준에도 영향을 주어 결국 자본주의 경제 성장이 저해될 수밖에 없음을 지적했다.

데이비드 리카도는 상품의 상대적인 국내 가치는 생산에 소요되는 노동량에 따라 결정되며 지대는 생산비용에 포함되지 않는다는 사실을 발견했다. 이는 애덤 스미스의 노동가치론과 분업 이론을 계승한 것이다. 그리고 애덤 스미스의 이론을

비교우위

비교우위(比較優位, comparative advantage)란 국제무역에서 한 나라의 어떤 재화가 비록 상대국의 것에 비해 절대우위에서 뒤처지더라도 생산의 기회비용을 고려했을 때 상대적인 우위를 지닐 수 있다는 개념이다. 비교우위는 비록 한 국가의 모든 재화가 상대국보다 절대우위에 있더라도 상호 무역을 통해 이익을 창출할 수 있는 이유를 설명한다. 고전경제학자인 데이비드 리카도에 의해 개념이 정립되었다. 1817년 데이비드 리카도는 그의 저서 『정치경제학과 과세의 원리에 대하여』에 비교우위론을 수록하였다. 리카도는 잉글랜드와 포르투갈 간의 교역을 예로 들었다. 즉, 포르투갈이 포도주와 옷감을 모두 잉글랜드보다 적은 비용으로 생산할 수 있는 반면, 잉글랜드는 포도주 생산에는 막대한 비용이 들고 옷감 생산은 비교적 적은 비용이 든다고 할 때, 절대우위만을 고려하면 잉글랜드는 무역으로 이익을 볼 수 없으나 생산에 관련된 제반 비용을 고려하면 포르투갈은 더 큰 이익이 남는 포도주를 수출하고 잉글랜드는 포도주를 포기하는 대신 옷감을 수출하여 상호 이익을 볼 수 있다. 그는 이와 같이 국가마다 비교우위에 있는 재화와 용역을 특화하여 생산해야 한다고 주장했다.

더 발전시켜 '비교우위론'을 만들어냈다. 애덤 스미스는 분업화 이론에서 자국에서 생산한 제품을 타국에서 생산한 제품과 교환할 수 있다고 했다. 그러나 스미스는 어떻게 교환할 수 있는지에 대해 말하지 않았다. 그러나 타국과 제품 교환을 하려면 자국의 제품이 타국의 제품에 비해 강점이 있을 때 교환의 대상이 될 수 있다. 이것이 리카도의 비교우위론이다. 비교우위론은 애덤 스미스와 달리 노동가치론을 국내뿐만 아니라 외국과의 무역에 적용한 것이었다.

『자본론』
카를 마르크스, 비봉출판사, 2015

카를 마르크스의 『자본론』(1867)은 애덤 스미스의 노동가치론을 비판적으로 계승한 것이라 할 수 있다. 마르크스는 『자본론』에서 노동의 가치가 자본주의 사회에서 '자연법칙'(애덤 스미스에게는 보이지 않는 손이다)처럼 자본(애덤 스미스에게는 국부이다)으로 귀결되는 것이 아니라, 사회적·역사적으로 인간 실천 활동의 산물임을 분석해낸다. 그리하여 마르크스는 노동가치가 '사회적 평균노동시간'임을 밝혀낸다. 노동의 가치가 사회적으로 결정된다는 것은 각각의 인간의 욕구를 충족하기 위한 상품들이 필요하며, 그러려면 상품 교환이 원활하게 이루어져야 한다는 것을 의미한다.

그런데 자본주의 사회에서는 모든 노동자들의 욕구 충족이

사회적 평균노동시간

사회적 평균노동시간은 '사회적으로 필요한 노동시간(socially necessary labour-time)'이다. 예를 들어, 각각의 생산자가 1미터의 아마포를 생산하는 데 드는 사적 노동의 양이 아무리 다르다고 하더라도, 시장에서 1미터의 아마포는 하나의 가치를 가질 수밖에 없다. 다시 말해 각 생산자(개인)의 사적 노동은 상품들의 교환과정을 통해 사회적 노동으로 인정받은 것이다. 1미터 아마포의 가치량은 그 상품의 생산에 든 개별 생산자들의 사적 노동시간에 의해 결정되는 것이 아니라, '사회적으로 필요한 노동시간'에 의해 결정된다. 1미터의 아마포를 생산하는 데 드는 사회적 노동은, 사회적 평균의 숙련도와 노동강도를 가진 생산자가 그것을 만드는 데 드는 노동시간과 같을 것이다.

이루어지지 못하고 부익부 빈익빈 현상이 지배한다. 이러한 부익부 빈익빈 현상이 지배하는 근본적인 원인이 무엇인지, 그리고 이런 원인을 제거해 모든 사람들이 자신의 욕구를 충족하기 위해서는 새로운 생산방식이 필요한데, 그 새로운 생산방식을 모든 상품의 생산자인 노동자(전 사회 구성원의 대부분을 차지한다)를 비롯해 전 사회구성원이 사회적으로 결정해야 하는 실천적인 의무가 현실의 우리에게 있음을 『자본론』은 말하고 있다. 그리고 이는 모든 사람의 욕구가 충족되기를 바랐던 애덤 스미스의 염원이기도 했을 것이다.

생애 연보

1723년 스코틀랜드 에든버러와 마주보는 커콜디에서 태어나다 (출생일 미상).

1730년 커콜디 시립학교에 입학하다.

1737년 글래스고대학교에 입학하다. 프랜시스 허치슨(도덕철학) 등 당대 최고 학자에게 배우다.

1740년 스넬 장학금으로 옥스퍼드대학교에 입학하다. 도서관에서 고전과 근대문학을 탐독하다.

1744년 학사학위 받다.

1746년 학업을 그만두고 고향에 돌아가 어머니와 같이 지내다.

1748년 에든버러로 이사해 문학과 법학 등에 대한 겨울 공개강의를 시작하다.

1751년 모교인 글래스고대학교의 논리학 교수로 임명되다.

1752년 도덕철학 교수로 전임되어 1763년 말까지 재직하다. 글래스고 문학협회가 창립되어 초대 회원이 되다.

1753년 문학협회에서 데이비드 흄의 상업론에 대해 강연하고, 월레스의 『고대와 근대의 인구』로 흄과의 인구 논쟁이 시작되다.

1759년 『도덕감정론』을 출판해 호평받다.

1762년	글래스고대학교에서 법학박사 학위 받다. 글래스고대학교 부총장이 되다.
1763년	『국부론』 초고를 쓰기 시작하다.
1764년	버클루 공작의 개인교사로서 그와 함께 프랑스와 이탈리아 등지로 1766년까지 여행하다. 『도덕감정론』 최초의 프랑스어 번역판이 나오다.
1765년	제네바로 가서 볼테르를 방문하다.
1773년	『국부론』 출판을 위해 런던으로 가다가 흄을 만나 유언을 하다.
1776년	『국부론』 초판을 펴내다. 『국부론』 최초의 독일어 번역판 나오다.
1777년	이 무렵부터 『국부론』이 여러 가지 국가 정책에 영향을 미치다.
1778년	스코틀랜드 국세청장에 임명되다. 에든버러로 이사해 죽을 때까지 어머니와 같이 살다. 『국부론』 제2판 펴내다.
1784년	『국부론』 제3판 펴내다(개정). 어머니 90세로 별세하다.
1786년	『국부론』 제4판 펴내다.
1787년	글래스고대학교의 총장이 되어 1789년까지 재임하다.
1789년	『국부론』 제5판 펴내다. 최초의 미국판 나오다.
1790년	『도덕감정론』 제9판 펴내다. 7월 17일 숙환으로 세상을 떠나다. 에든버러의 캐논게이트 묘지에 안장되다.

참고 문헌

• Adam Smith, *An Inquiry into the Nature and Causes of the Wealth of Nations, Volume* Ⅰ·Ⅱ, CLARENDON PRESS, OXFORD, 1976, 한글 번역본 『국부론』 상·하 권, 김수행 옮김, 동아출판사, 2015.

• 김광수, 『애덤 스미스의 학문과 사상』, 해남, 2005.

김수행 편저, 『청년을 위한 경제학 강의』, 한겨레신문사, 1998.

다카시마 젠야, 『애덤 스미스: 근대화와 민족주의 시각에서』, 김동환 옮김, 소화, 2004.

로버트 하일브로너, 『고전으로 읽는 경제사상』, 김정수·이현숙 옮김, 민음사, 2001.

박순성, 『애덤 스미스와 자유주의』, 풀빛, 2003.

사키사카 이쓰로 엮음, 『고전경제학 비판』, 김재훈 옮김, 청아출판사, 1988.

우에노 이타루 등 저, 야자와 사이언스 오피스 경제반 편, 『세계사를 지배한 경제학자 이야기』, 신현호 옮김, 국일증권경제연구소, 2003.

유시민,『부자의 경제학 빈민의 경제학』, 푸른나무, 2004.

이진경,『자본을 넘어선 자본』, 그린비, 2004.

조나단 B. 와이트,『애덤 스미스 구하기』, 안진환 옮김, 생각의 나무, 2003.

카를 마르크스,『자본론』, 김수행 옮김, 비봉출판사, 2007.

피터 다우어티,『세상을 구한 경제학자들』, 송경모 옮김, 예지, 2005.

EBS 오늘 읽는 클래식
스미스의 국부론

1판 1쇄 발행 2022년 6월 30일

지은이 이재유

펴낸이 김유열 | 지식콘텐츠센터장 이주희
지식출판부장 박혜숙 | 지식출판부·기획 장효순, 최재진
마케팅 최은영 | 인쇄 여운성
북매니저 윤정아

책임편집 표선아 | 디자인 정계수 | 일러스트 최광렬 | 인쇄 재능인쇄

펴낸곳 한국교육방송공사(EBS)
출판신고 2001년 1월 8일 제2017-000193호
주소 경기도 고양시 일산동구 한류월드로 281
대표전화 1588-1580 | 홈페이지 www.ebs.co.kr
이메일 ebs_books@ebs.co.kr

ISBN 978-89-547-9981-2 04100
      978-89-547-6188-8 (세트)